suhrkamp taschenbuch
wissenschaft 1053

In den vergangenen Jahren hat die Diskussion über die ethische Dimension des Wirtschaftens erneut an Bedeutung gewonnen. Während Themen der Wirtschaftsethik traditionell eher einen Diskussionsgegenstand der christlichen Sozialethik bildeten, hat die neuere Diskussion einen anderen Ausgangspunkt. Es sind nicht nur die negativen externen Effekte industrieller Produktion, sondern auch die Funktionserfordernisse moderner Marktwirtschaften und der in ihnen agierenden Unternehmen, die zur Renaissance der Wirtschaftsethik führten. Die Frage nach der Ethik in der Wirtschaft wird damit zur gesellschaftstheoretischen Frage. Dementsprechend ist die aktuelle wissenschaftliche Diskussion der Thematik nicht mehr auf theologische Fragestellungen und Ausgangspunkte beschränkt, sondern es kommen eigenständige und einflußreiche Beiträge hierzu von der ökonomischen Theorie und den anderen Sozialwissenschaften. Der durchaus kontroversen Reflexion dieser neuen Lage in Praxis und Wissenschaft dient der vorliegende Band.

Wirtschaftsethik und Theorie der Gesellschaft

Herausgegeben von
Josef Wieland

Suhrkamp

Die in diesem Band enthaltenen Beiträge sind aus einem interdisziplinären Symposium »Wirtschaftsethik, Theologie und Gesellschaft – Begründungs- und Vermittlungsprobleme«, das Prof. Dr. Karl-Wilhelm Dahm und Dr. Josef Wieland im Herbst 1991 an der Universität Münster veranstaltet haben, hervorgegangen. Für die finanzielle Förderung dieser Tagung danken die Veranstalter der Deutschen Forschungsgemeinschaft.

Die Deutsche Bibliothek – CIP-Einheitsaufnahme
Wirtschaftsethik und Theorie der Gesellschaft :
[die Beiträge sind aus einem Interdisziplinären Symposium
»Wirtschaftsethik, Theologie und Gesellschaft –
Begründungs- und Vermittlungsprobleme«,
das Karl-Wilhelm Dahm und Josef Wieland im Herbst 1991
an der Universität Münster veranstaltet haben, hervorgegangen] /
hrsg. von Josef Wieland. –
1. Aufl. – Frankfurt am Main :
Suhrkamp, 1993
(Suhrkamp-Taschenbuch Wissenschaft ; 1053)
ISBN 3-518-28653-6
NE: Wieland, Josef [Hrsg.]; Interdisziplinäres Symposium
Wirtschaftsethik, Theologie und Gesellschaft –
Begründungs- und Vermittlungsprobleme <1991, Münster, Westfalen>;
Universität <Münster, Westfalen>; GT

suhrkamp taschenbuch wissenschaft 1053
Erste Auflage 1993

Satz und Druck: Wagner GmbH, Nördlingen
Printed in Germany
Umschlag nach Entwürfen von
Willy Fleckhaus und Rolf Staudt

1 2 3 4 5 6 – 98 97 96 95 94 93

Inhalt

Josef Wieland
Die Ethik der Wirtschaft als Problem lokaler und konstitutioneller Gerechtigkeit 7

Karl Homann
Wirtschaftsethik. Die Funktion der Moral in der modernen Wirtschaft 32

Peter Ulrich und Ulrich Thielemann
Wie denken Manager über Markt und Moral? Empirische Untersuchungen unternehmensethischer Denkmuster im Vergleich 54

Manfred Gentz
Wirtschaftsethik in der Unternehmensführung. Chancen und Grenzen 92

Amitai Etzioni
Über den Eigennutz hinaus 109

Niklas Luhmann
Wirtschaftsethik – als Ethik? 134

Eilert Herms
Das neue Paradigma. Wirtschaftsethik als Herausforderung für die Theologie und die Wirtschaftswissenschaft 148

Hinweise zu den Autoren 172

Josef Wieland

Die Ethik der Wirtschaft als Problem lokaler und konstitutioneller Gerechtigkeit

I.

Die gleichsam spontane und natürliche Provokation, die von Begriffen wie »Wirtschaftsethik« und »Unternehmensethik« ausgeht, hat ihren Ursprung in der offenbar zur Selbstverständlichkeit gewordenen Auffassung, daß in modernen Gesellschaften die Beziehung zwischen der Ökonomie und der Ethik als Differenz zu verstehen sei. Dem Menschen des alten Europas wäre genau dies als unnatürlich erschienen. Solche Reaktionen sind demnach das Resultat der schon die Denkroutine bestimmenden funktionalen Differenzierung der Systeme der Gesellschaft. Lange vorher angelaufen, wurden gegen Ende des letzten und zu Beginn dieses Jahrhunderts deren Konsequenzen unübersehbar.[1] Max Weber etwa ging in seinen »Zwischenbetrachtungen« von der Herrschaft differenter Eigenlogiken in gesellschaftlichen »Sphären« aus, obgleich er diesen Begriff weder funktionalistisch noch systemisch nutzte. Ihm ging es vielmehr darum, die neuzeitliche Absetzung distinkter ökonomischer, politischer, ästhetischer, erotischer und intellektueller Kommunikation vom dominierenden religiös-ethischen Weltbild der Alten Welt zu charakterisieren. In diesem Zusammenhang verweist Weber immer wieder darauf, daß ökonomische Kommunikation aus Preissignalen bestehe. Rationale Wirtschaft sei keine personale Beziehung, sondern sachlicher Betrieb, dessen Kommunikationsmedium Geld und dessen Sprache

1 Vgl. G. Simmel (1989/1991), Einleitung in die Moralwissenschaft. Eine Kritik der ethischen Grundbegriffe. Bd. 1 und 2, in: Gesamtausgabe Bd. 3 und 4, Frankfurt a. M.: Suhrkamp; ders. (1989), Über sociale Differenzierung, in: Gesamtausgabe Bd. 2, Frankfurt a. M.: Suhrkamp, S. 186 ff.; E. Durkheim (1988), Über soziale Arbeitsteilung, Frankfurt a. M.: Suhrkamp, S. 41 ff.; ders. (1991), Physik der Sitten und des Rechts. Vorlesungen zur Soziologie der Moral, Frankfurt a. M.: Suhrkamp.

Preise seien.[2] Gerade weil das Kapitalverhältnis ein unpersönliches sei, sei es »ethisch nicht reglementierbar«.[3] Allerdings schloß Weber eine ethische Konditionierung der Wirtschaft nicht vollständig aus. Ihm ging es eher darum, auf die Grenzen ethischer Kommunikation in der Wirtschaft, die durch »Verunpersönlichung einer materialen Ethisierung«[4] gezogen seien, aufmerksam zu machen. Grenzen ethischer Kommunikation in der Wirtschaft sieht Weber nicht nur für die dort tätigen Akteure, sondern auch für die Reichweite ethischer Beurteilung. Markt und Konkurrenz als gesellschaftliche Institutionen seien weder ethisch noch antiethisch, sondern schlicht aethisch.[5]

Ökonomie ist in einem solchen theoretischen Kontext nicht extern durch Moral steuerbar, sondern steuert sich selbst nach systeminternen monetarisierten Kriterien. Die Kommunikation der Wirtschaft mit ihrer Umwelt ist preisförmig strukturiert.[6] Diese,

2 Vgl. M. Weber (1988), Zwischenbetrachtung, in: Gesammelte Aufsätze zur Religionssoziologie 1, Tübingen: Mohr, S. 544.

3 M. Weber (1976), Wirtschaft und Gesellschaft, Tübingen: Mohr, S. 708.

4 M. Weber (1988), a.a.O., S. 547.

5 Diese Auffassung ist, historisch gesehen, nicht zutreffend. Markt und Konkurrenz waren während des 18. und in der ersten Hälfte des 19. Jahrhunderts sozialphilosophische Konzepte, mit denen nicht nur die »commercial society« ihre ethische Begründung finden sollte, sondern auch die Behauptung verbunden war, sie bildeten ein funktionales Äquivalent für den alteuropäischen Gedanken der Herstellung von Tausch- und Verteilungsgerechtigkeit durch »gerechte Preise«. Es ist das Verdienst der englischen historischen Schule, diese Zusammenhänge offengelegt und deren theoretische Inkonsistenz nachgewiesen zu haben. Vgl. Th. Leslie (1879), Essays in Political and Moral Philosophy, Dublin/London: Hodges & Longmans; A. Toynbee (1884), Ricardo and the Old Political Economy, in: Lectures on the Industrial Revolution in England, London: Rivingtons. Allerdings mündete diese Kritik nicht, wie erhofft, in eine allgemeine Sozialwissenschaft, sondern, betrieben von Theoretikern wie William St. Jevons (vgl. W. St. Jevons (1876), The Future of Political Economy, in: Fortnightly Review, Nr. 119) und Henry Sidgwick (vgl. H. Sidgwick (1885), The Scope and Method of Economic Science, London: Macmillan) in der weiteren Ausdifferenzierung der »political economy« zur »economics«. Erst jetzt konnten sozialphilosophische Konzepte wie Markt und Konkurrenz als reine Theorieparameter verstanden werden, die allenfalls noch über eine kryptoethische Grundströmung verfügen.

6 Dieses interne Steuerkriterium nimmt die Form simultaner binärer Co-

so Weber, »herrenlose Sklaverei« sei nicht persönlichem Verhalten zurechenbar, sondern »nur als Institution ethisch diskutabel«.[7]
Vor dem Hintergrund der herkömmlichen Theorien gesellschaftlicher Rationalisierung scheint sich demnach hinter der neuen wirtschaftsethischen Diskussion nur zweierlei verbergen zu können: entweder ein hoffnungsloser und rückwärtsgewandter Romantizismus oder eine besonders subtile Form gewinnorientierter Unternehmenspolitik. Daß es für beides empirische Korrelate geben könnte, wird man kaum ausschließen wollen. Wohl aber, daß damit schon das Phänomen zureichend erfaßt sei. Dies gilt auch für die diametral entgegengesetzte Auffassung, die in der neuen Wirtschafts- und Unternehmensethik den Beginn einer holistischen Reintegration und Unterordnung der Wirtschaft in eine vorgängige moralische Ordnung sieht. Hält man diese organizistische Gestaltung der Beziehung von Ökonomie und Ethik in funktional differenzierten und pluralistischen Gesellschaften für weder möglich noch wünschenswert, dann kommt man folgerichtig zu der Frage, ob das hier zu diskutierende Phänomen vielleicht als Einheit von Differenz oder gar als Einheit weil Differenz erklärt werden könnte.
Es scheint nützlich zu sein, zur weiteren Klärung des so aufgespannten Sachverhaltes zunächst für eine angemessene Beschreibung des Phänomens Sorge zu tragen. Dies geschieht nicht immer. Warum und was ist also die neue Wirtschafts- und Unternehmensethik?
Einen ersten Anhaltspunkt erhält man mit der bemerkenswerten Tatsache, daß das Thema nicht, wie traditionell üblich, von der Philosophie und der christlichen Sozialethik lanciert, als Kritik der Wirtschaft von außen an diese herangetragen wurde, sondern daß es (zumeist große) nordamerikanische Unternehmen waren, die vor etwa zwei oder drei Jahrzehnten ihr Verhältnis zur Ethik als für sie sinnvolle Fragestellung neu entdeckten. Sie gaben sich ethische Unternehmensrichtlinien (»code of ethics« oder »code of conducts«), in denen sie Werte wie Ehrlichkeit, Vertrauen, Fair-

dierung an: Güterangebote signalisieren Zahlungsnachfrage, Güternachfragen signalisieren Zahlungsangebote. Für den systematischen Ausbau dieser Beobachtung zu einer soziologischen Theorie vgl. N. Luhmann (1988), Die Wirtschaft der Gesellschaft, Frankfurt a. M.: Suhrkamp.

7 M. Weber (1976), a.a.O., S. 709.

neß, Einhaltung der Goldenen Regel, Integrität und Selbstverpflichtungen gegenüber Kapitalgebern, Mitarbeitern, Kunden, Lieferanten, der Gemeinde und der Gesellschaft festhielten.[8] In den USA verfügen heute nicht nur 93% aller großen Unternehmen über solche Erklärungen, sondern in etwa 30% dieser Firmen sind »Ethics Committee of the Board of Directors«, »Corporate Ethics and Business Conduct Office« und »Ethics Officer« damit beschäftigt, diese Codes in eine vielfältig aufgefächerte institutionalisierte Unternehmenspolitik umzusetzen.[9] Das heißt nicht, daß es nicht Wirtschaftsskandale (Bestechung, insider trading), ökologische und technische Desaster gegeben hätte, deren kritische und juristische Würdigung durch die Institutionen der Gesellschaft hier eine Auslöserfunktion hatten. Aber damit ist noch nicht erklärt, warum die Probleme auch ethisch und nicht etwa nur rechtlich oder ordnungspolitisch kommuniziert wurden. Dies mag damit zusammenhängen, daß in diesen Konflikten die Defizite und Grenzen rechtlich institutioneller Regelungen als Mittel gesellschaftlicher Steuerung deutlich wurden.[10] Hinzu könnte gekommen sein, daß die auslösenden Phänomene selbst als Anzeichen von Politik- und/oder Marktversagen gedeutet werden konnten. Es blieb dann sozusagen nur noch die Ethik als historisch ausgewiesener Kandidat, dem man zutrauen konnte, die aufgetretenen Steuerungsdefizite zu füllen. Daß alles dies aber die Intention von Unternehmen der Wirtschaft gewesen sein könnte, wird man kaum annehmen wollen. Man muß sich also nach weiteren Gründen umsehen, wenn man das neue Interesse der Wirtschaft an der Ethik verstehen will. Welche Probleme ökonomischen Handelns sind es also, von denen Wirtschaftsakteure glauben, daß deren Lösung auch eine ethische Komponente hat?
Die Ergebnisse verschiedener empirischer Studien[11] und die Ar-

8 Vgl. The Business Roundtable (1988), Corporate Ethics. A Prime Business Asset, New York: The Business Roundtable.

9 Vgl. J. Wieland (1993), Formen der Institutionalisierung von Moral in der Unternehmung, Bern/Stuttgart: Haupt.

10 C. D. Stone (1975), Where the Law Ends, New York u. a.: Harper & Row.

11 Vgl. die Beiträge von P. Ulrich und M. Gentz in diesem Band; vgl. P. Ulrich/U. Thielemann (1992), Ethik und Erfolg. Unternehmensethische Denkmuster von Führungskräften – eine empirische Studie,

gumentationsfiguren der einschlägigen Literatur[12] ergeben etwa das folgende Bild.

Eine erste Problemgruppe (I) könnte die Überschrift erhalten: »Interne Leistungserbringung«. Sie beinhaltet Fragen der Personalführung und Personalentwicklung (Motivation, Identifikation, Sinnvermittlung, Freisetzung von Innovationspotential), des Produktionsprozesses (Gesundheits- und Umweltgefährdung), der Produktgestaltung (Gehalt von Produktinformationen, Produktsicherheit, Produktverpackung) und der Unternehmensführung (Beziehung zwischen Kapital/Manager, verschiedenen Unternehmensteilen und Führungsebenen).

Eine zweite Gruppe (II) focussiert »Handeln im Markt« und läßt sich in verschiedene Aspekte unterteilen: in die der Beziehung des Unternehmens zu seinen Lieferanten (Verhinderung der wechselseitigen Ausbeutung von Machtpositionen aus vertraglichen Bindungen), seinen Kunden (Zuverlässigkeit von Garantieerklärungen, Service), seines Kunden zu ihm (Verhinderung von Raubdrucken, Software-Kopierung) und seinen Konkurrenten (Unzulässigkeit der Zahlung von Bestechungsgeldern, der Abwerbung von Mitarbeitern).

Die dritte Gruppe (III) »Anforderungen der Gesellschaft« enthält sehr unterschiedliche Problembereiche. Ihr gemeinsamer Bezugspunkt ist die Beobachtung, daß über die Zukunft einer Firma nicht allein der Markt, sondern ebenso die Erwartungen ihres gesellschaftlichen Umfeldes (Gemeinde, Nation, Internationale Beziehungen) entscheiden. Dies kann sich in der Akzeptanz von Produkten (Alkohol, Zigaretten, Kernenergie, Wehrtechnik), von Produktionsmethoden (ökologischer Aspekt, Risiko) und wirtschaftlichen Ordnungsmodellen (Internationale Schuldenkrise, Gerechte Weltwirtschaftsordnung, Globale Ökologie) zeigen, aber ebenso in dem Begehren einer Gemeinde, daß das Unternehmen in seinen Entscheidungen (Standortfragen, Beschäftigung) die Belange seines gesellschaftlichen Umfeldes berücksichtige.

Mit den Mitteln der ökonomischen Theorie lassen sich die ange-

Bern/Stuttgart: Haupt; vgl. J. Wieland (1991), Wirtschaftsethik: Mehr als nur Geld, in: Wirtschaftsspiegel 10/1991; ders. (1993), a.a.O.

12 Vgl. etwa H. Steinmann/A. Löhr (Hg.) (1989), Unternehmensethik, Stuttgart: Poeschel; M. Dierkes/K. Zimmermann (Hg.) (1991), Ethik und Geschäft. Dimensionen und Grenzen unternehmerischer Verantwortung, Frankfurt a. M.: FAZ/Gabler.

führten Beispiele aus dem Bereich der Leistungserbringung und Produktvermarktung übersetzen als Probleme

- langfristiger vertraglicher Bindungen und daraus entstehender Abhängigkeiten (z. B. Unternehmen/Lieferant; Unternehmen/Mitarbeiter)
- von Informationsunsicherheit und Informationsasymmetrien, wo im theoretischen Fall auf einer Seite der Vertragspartner alle Informationen vorhanden sind, auf der anderen Seite keine (z. B. Beratung als Dienstleistung, Mißbrauch von Insider-Wissen; Eigentümer-Manager-Beziehung; Informationen über Produkteigenschaften)
- komplexer und vertraglich nicht exakt spezifizierbarer Leistungen (z. B. Leistungserbringung durch Mitarbeiter im Stundenlohn oder Gehalt; Personalführung, Qualitätskontrollen, Dienstleistungen)
- der Durchsetzung von Eigentums- und Verfügungsrechten (z. B. illegale Benutzung von Firmeneigentum, Softwarekopierung).

Ihr ökonomischer Aspekt ist, daß der Versuch ihrer Lösung durch Internalisierung in Marktpreise oder durch weitere vertragliche Spezifikation zu prohibitiven Transaktionskosten, also Informations-, Verhandlungs-, Kontroll- und Durchsetzungskosten führen würde. Allgemein formuliert: Wenn man systematisch mit der Verletzung ethischer Normen und der Nichtbeachtung von Fairplay durch Vertragspartner oder Konkurrenten rechnen müßte, wäre Wirtschaft nicht möglich. Daß Bestechungsskandale in der amerikanischen Business-Ethics-Bewegung eine prominente Rolle spielen, signalisiert ja nicht besonders heruntergekommene moralische Standards, sondern daß in der Welt von Kauf und Verkauf und Angebot und Nachfrage nicht alles käuflich und im Angebot sein darf. Produktivität und Effizienz in modernen Ökonomien sind unvereinbar mit moralischer Anarchie. Je komplexer[13] daher Unternehmen und deren gesellschaftliches Umfeld werden, desto größer werden die Bereiche, in denen die herkömmlichen Kontroll- und Anreizmechanismen (Hierarchie, Entlohnung, Recht) an Wirksamkeit verlieren und die Sicherstellung der Verbindlichkeit moralischer Standards an Bedeutung gewinnt im Hinblick auf die Homogenisierung, Integration, Kontrolle und Steuerung der Firma als Organisation.

13 Unter Komplexitätszunahme verstehe ich nicht nur die Zunahme der Anzahl und der Reichweite potentieller Einflußfaktoren auf eine definierte Situation, sondern auch die Zunahme von akzeptierten Beobachtungs- und Beschreibungsmöglichkeiten dieser Situation in differenzierten und pluralistischen Gesellschaften.

Der unternehmenspolitische Aspekt der hier diskutierten Problemfelder (Gruppe I und II) ist demnach, daß die interne Steuerung und die externen Relationen großer und komplexer Organisationen nicht allein über formale, objektivierte Regelungen (etwa Verträge über wechselseitige Leistungserwartungen, festgelegte Kontrollhierarchien) vollzogen werden können, sondern daß impliziten Regeln, die berechenbare Subjektivität unterstellen, eine zunehmende Bedeutung zukommt.
In jeder formalen vertraglichen Beziehung eines Unternehmens läuft ein »impliziter« oder »psychologischer Vertrag« mit, der aus wechselseitigen Versprechungen und Erwartungen besteht, die verbindlich sind, obwohl sie nicht expliziter Bestandteil des formalen Vertrages sind.[14] So kann ein Unternehmen sich binden durch die Erklärung oder die Praxis, selbst in Krisenzeiten Entlassungen und Streichung freiwilliger Sozialleistungen zu vermeiden. Umgekehrt erwartet es etwa vom Mitarbeiter bestimmte Verhaltensstandards, Firmentreue, Identifikation mit dem Unternehmen und nichtopportunistische Leistungserbringung. Eine so ausgerichtete Unternehmenspolitik ist nach Okun »guided by an invisible handshake as well as by Adam Smith's invisible hand«.[15] Der für unseren Zusammenhang entscheidende Punkt ist, daß implizite oder psychologische Verträge auf die vorgängige Wirksamkeit moralischer Standards angewiesen sind.
Fassen wir also zunächst wie folgt zusammen: Wirtschafts- und Unternehmensethik sind ökonomisch und unternehmenspolitisch gesehen Instrumente zur Implementierung, Steuerung und Kontrolle impliziter Verträge, die auf die Senkung von Transaktionskosten formaler Verträge zielen. Ihr ethischer Aspekt ist, daß sich in genau spezifizierten Fällen die Problemlösungskapazität moralischer Standards wie der Goldenen Regel, Vertrauen, Fairneß, Sinn für Gerechtigkeit und so weiter zeigen muß. Es geht demnach um die Allokation moralischer Güter in einem Funktionsbereich der Gesellschaft. Es geht nicht um universalistische Letztbegründungsprogramme von Moral.[16]

14 Vgl. A. Okun (1980), The Invisible Handshake and the Inflationary Process, in: Challenge 70/6; R. R. Sims (1991), The Institutionalization of Organizational Ethics, in: Journal of Business Ethics, Heft 10.

15 A. Okun (1980), a.a.O., S. 6.

16 Ökonomisch gesehen sind moralische Standards bewußte/unbewußte Übereinkünfte über erlaubte/unerlaubte Verhaltensoptionen zum

II.

Wenn man die bisher diskutierte Empirie theoretisch weiter verdichtet, dann zeigt sich eine qualitative Differenz zwischen den Gruppen I–III. Während sich die ersten beiden auf das »klassische« Feld unternehmerischen Handelns, nämlich auf die Leistungserstellung und -vermarktung beziehen, handelt die dritte von den Voraussetzungen und Folgen unternehmerischen Handelns in der Gesellschaft. Aus der Perspektive der Wirtschaftsordnungstheorie ließe sich diese Unterscheidung reformulieren als Unterscheidung zwischen einer Unternehmensethik und einer Wirtschaftsethik. Während erstere auf die ökonomische Lösbarkeit ethisch relevanter Konflikte in Unternehmen abstellte, zielte letztere auf die Gestaltung einheitlicher ökonomischer und ordnungspolitischer Rahmenbedingungen für alle Unternehmen. Sei es, daß aus Gründen des Wettbewerbs Moral den einzelnen Unternehmen nicht zugemutet werden kann, sei es, daß die Probleme durch die Unternehmen allein nicht gelöst werden können. Vertragstheoretisch formuliert würde die Unterscheidung angesetzt an der Reichweite von Spielregeln, die im ersten Fall auf eine bestimmte Organisation und im zweiten Fall auf eine bestimmte Nation beschränkt wären.[17] Wenn wir aber die Probleme der einzelnen Gruppen ökonomisch und ethisch im Hinblick darauf analysieren, welche moralischen Güter beziehungsweise Lasten in diesen Fällen im Unternehmen, durch den Markt und in der Gesellschaft produziert und alloziiert werden, dann zeigt sich, daß eine solche Unterscheidung zwar möglich, aber theoretisch weniger ertragreich wäre. Ich werde einen ökonomischen Erklärungsansatz zur Diskussion der so aufgeworfenen Frage nutzen und

wechselseitigen Vorteil. Gegeben ist eine infinite Menge von möglichen Konsequenzen einer Handlung, es müssen daher dem Gewissen und dem Verantwortungsbewußtsein Grenzen gesetzt werden, damit es überhaupt zu Handlungen kommt. Preise sind eine Möglichkeit, ein Verantwortungsspektrum zu definieren. Versagt das Preissystem, steht man vor der Frage, was an seine Stelle treten soll. Definiert man diesen alternativen Allokationsmechanismus nicht, entstehen unweigerlich unkontrollierte Machtzentren, die dann entscheiden.

17 Regeln des Weltmarktes schließe ich aus Gründen der Vereinfachung ein, obwohl unstrittig ist, daß hier andersartige Probleme existieren.

gehe dabei davon aus, daß die in Diskussion stehenden Güter knapp, homogen und unteilbar sind.[18]
Ethische Relevanz im Bereich der Personalführung und -entwicklung wird etwa dem Schutz vor Entlassung, der Zuteilung von Aufstiegschancen oder Fortbildungsmöglichkeiten zugeschrieben. In diesen drei Fällen ginge es um die Allokation des Gutes »Beschäftigungschancen« beziehungsweise der Last, von der Nutzung dieses Gutes ausgeschlossen zu sein. Für alle drei Fälle wird man unterschiedliche Allokationsregeln annehmen müssen. Schutz vor Entlassung kann etwa entlang des Senioritätskriteriums zugeteilt werden. Gerechtigkeit bei dieser Lösung hieße, daß Betriebstreue belohnt und Lebensalter berücksichtigt wird. Ökonomisch gesehen setzt das Anreize für Arbeitnehmer, nicht für jede marginale Lohndifferenz das Unternehmen zu verlassen, spart also Personalkosten. Für Aufstiegschancen und die damit zusammenhängenden Fortbildungsmöglichkeiten existieren andere Zuteilungsverfahren, etwa Fremd- und Selbstbeurteilungen und Fremd- und Selbstverpflichtungen. Gerechtigkeit hieße hier, daß erstens potentiell jeder in Frage kommt und daß zweitens die Leistung entscheidet. In die Sprache der Wirtschaft übersetzt geht es um den Aufbau einer Motivations- und Identitätsstruktur im Unternehmen, die leistungssteigernd und innovationsfördernd wirkt. Von entscheidender Bedeutung ist nun, zu sehen, daß in den drei Beispielen auch gesetzliche oder tarifvertragliche Bestimmungen existieren. Dazu gehören etwa Kündigungsschutzgesetz, Verbot der Diskriminierung von Frauen, Regelung der Zugangsbedingungen für Bildungsurlaub, die bei der Erstellung unternehmensinterner Allokationsregeln für diese Güter ins Kalkül gezogen werden müssen. Daß hier heute zusätzlicher Steuerungsbedarf ethisch codiert wahrgenommen wird, zeigt, daß nicht nur Interpretations- und Anwendungsspielräume existieren, die in formalen Verträgen nicht effizient reguliert werden können, sondern mehr noch, daß zusätzliche Spielräume, das heißt differenziertere Anreizstrukturen, geschaffen werden sollen. Es zeigt sich an dieser Stelle, daß die begründend gemeinte Behauptung, Unternehmensethik sei möglich, weil Handlungsspielräume existierten, am Wesen der Sache vorbeigeht. Unternehmensethik zielt

18 Vgl. J. Elster (1990), Local Justice, in: Archives Européennes de Sociologie, Heft XXXI, S. 122.

auf die Schaffung zusätzlicher Handlungsoptionen in der Unternehmensführung.
Alle angeführten Problemgruppen können in dieser Weise strukturiert werden. Bei den Risiken des Produktionsprozesses geht es um die Allokation des Gutes »Sicherheit«. Recht auf körperliche Unversehrtheit und Begrenzung von Versicherungsbeiträgen lauten die ethische und die ökonomische Formel für dieses Gut. Auch hier existieren selbstverständlich gesetzliche Regelungen und die dazugehörigen Grauzonen. In Fragen der Produktgestaltung und der Kapital-Manager-Beziehung geht es um die Güter »Information« und »Sicherheit«, ethisch reformulierbar als Eigenschaften wie Ehrlichkeit und Vertrauen, was sich ökonomisch in Kundentreue, Abbau von Reibungsverlusten und so weiter niederschlagen soll.
Moralische Güter wie Vertrauen, Fairneß, Einhaltung der Goldenen Regel, Sinn für Gerechtigkeit werden in allen Fällen der Problemgruppe »Handeln im Markt« alloziiert. Wird ein Vertrag gehalten, auch wenn er durch eine der beiden Parteien zu ihrem Vorteil kostenlos gebrochen werden könnte, dann alloziiert diese Partei moralische Güter, und die andere Partei erhält sie. Auch moralische Güter sind ökonomisch gesehen knappe, homogene und unteilbare Güter, da ihre Zurverfügungsstellung Kosten generiert, die über Preise (genauer: Schattenpreise) bewertet werden müssen. Damit ist zugleich gesagt, daß aus der Perspektive der Wirtschaft optimale Moralmengen (Handlungsbeschränkungen und -anreize) definierbar sind, die Effizienzkriterien genügen.[19] Unnötig zu betonen, daß ebenfalls für den Bereich marktlichen Handelns kollektiv vereinbarte rechtliche oder verbandswirtschaftliche Handlungsbeschränkungen existieren.
Fassen wir den ökonomischen Aspekt der bisherigen Diskussion erneut zusammen, dann sehen wir, daß Wirtschafts- und Unternehmensethik der Lösung des gleichen Problems dient, dessen Bearbeitung zur Etablierung ordnungspolitisch geregelten Wirtschaftens überhaupt und speziell zur Gründung von Unternehmen geführt hat: der Senkung von Transaktionskosten. Unternehmen repräsentieren aus der Sicht der Ökonomik die Ablösung des Preismechanismus durch Organisation als Allokationsinstru-

19 Vgl. V. Vanberg/J. Buchanan (1988), Rational Choice and Moral Order, in: Analyse und Kritik, Bd. 2.

ment.[20] Es kommt zu dieser Ablösung, weil bei der Benutzung des Marktmechanismus zur Allokation von Gütern und Leistungen Kosten anfallen. Firmen senken diese Transaktionskosten, weil sie etwa die in einem reinen Marktpreissystem notwendige permanente Neuverhandlung von Verträgen ersetzen durch langfristige Verträge (z. B. Arbeitsverträge, Lieferung von Rohstoffen), was eine geplante Steuerung von Ressourcen ermöglicht. Sie reduzieren weiterhin Informations- und Handlungsunsicherheit durch Schaffung von Strukturen, die den Bereich offener Zukunft reduzieren. Mit zunehmender Organisationsgröße und Komplexität des wirtschaftlichen Handelns aber steigen die Transaktionskosten, die durch die Allokationsform »Firma« selbst generiert werden.[21] Wirtschafts- und Unternehmensethik ist daher firmenintern ein Mittel gegen die abnehmenden Erträge von formaler Organisation und firmenextern ein Mittel gegen die zunehmenden Kosten der Nutzung des Marktmechanismus. Gesellschaftspolitisch, so sei hier schon einmal im Vorgriff auf die spätere Diskussion definiert, ist sie ein Mittel zur Sicherstellung von Akzeptanz und Autorität der Firma in der Gesellschaft. Verallgemeinernd läßt sich jetzt formulieren, daß Wirtschaftsmoral der Sicherstellung der Funktion von Firmen überhaupt, nämlich der Allokation von Ressourcen durch Organisation, zuarbeitet.

Aus der bisherigen Diskussion erklärt sich auch die paradoxe Stellung der Ethik in der Wirtschaft: Moralische Werte sind ein effizienter Allokationsmechanismus, aber nur solange, wie sie in die Funktionserfordernisse der Wirtschaft eingebunden sind und zugleich nicht ohne Rest in Ökonomie aufgehen. Ethik und moralische Werte im System der Wirtschaft sind Waren, aber nicht Waren wie jede anderen. Man kann sie nämlich nicht kaufen und verkaufen: »They are goods, they are commodities; they have real,

20 R. H. Coase (1988), The Firm, the Market and the Law, Chicago: University of Chicago Press; O. E. Williamson (1985), The Economic Institutions of Capitalism, New York: Free Press.

21 Empirische Untersuchungen für die USA gehen heute davon aus, daß mehr als 45% des Volkseinkommens auf Transaktionskosten entfallen, deren Tendenz kontinuierlich steigend ist. Vgl. J. J. Wallis/D. C. North (1986), Measuring the Transaction Sector in the American Economy, 1870–1970, in: S. L. Engerman/R. E. Gallman (Eds.), Long-Term Factors in American Economic Growth, Chicago: University of Chicago Press.

practical value, they increase the efficiency of the system, enable you to produce more goods or more of whatever values you hold in high esteem. But they are not commodities for which trade on the open market is technically possible or even meaningful.«[22]
Der philosophisch-ethische Aspekt der bisherigen Diskussion läßt sich nicht so entschieden formulieren. Klar scheint nur zu sein, daß jede Wirtschaft und jedes Unternehmen von der Verfügbarkeit und Wirksamkeit moralischer Standards in der Gesellschaft abhängen, die sie alleine nicht herstellen können. In dem als Krise erlebten Prozeß des Zerfalls tradierter und der Emergenz neuer Wertemuster in modernen multikulturellen Gesellschaften wird dies für Unternehmensleitungen als betriebsergebnisrelevant erlebbar. Es zeigen sich darin nichtökonomische Voraussetzungen von Ökonomie, nichtfunktionale Voraussetzungen von Funktionalität, und insofern handelt es sich bei der Wirtschafts- und Unternehmensethik immer auch um Ethik. Andererseits vollzieht sich dies nicht im abstrakten Raum des philosophischen Universalismus, sondern in einem bestimmten System der Gesellschaft (der Wirtschaft) und dort lokal in Unternehmen, Personalabteilungen, Produktionsabteilungen und so weiter.
Es scheint daher nur konsequent, Unternehmens- und Wirtschaftsethik als Problem von »lokaler Gerechtigkeit«[23] zu verstehen. Lokal meint: Man hat es immer mit i) sachlich, zeitlich und sozial begrenzten Problemen von ii) intermediären Entscheidungsträgern zu tun, die iii) multiple Kriterien und Prinzipien (z. B. Wirtschaftlichkeit, Technik, Recht, Gerechtigkeit) in jeder ihrer Entscheidungen zu berücksichtigen haben. Gefundene Lösungen sind iv) lokale Lösungen, das heißt für ein spezifisches Problem unter spezifischen Entscheidungsbedingungen. Ich komme darauf später noch einmal zurück.

22 K. J. Arrow (1974), The Limits of Organization, New York/London: Norton, S. 23.

23 Vgl. zu diesem neuen Forschungsprogramm: J. Elster (1992), Local Justice. How Institutions Allocate Scarce Goods and Necessary Burdens, New York: Sage; für den deutschsprachigen Raum: V. H. Schmidt (1992), Lokale Gerechtigkeit. Perspektiven soziologischer Gerechtigkeitsanalyse, in: Zeitschrift für Soziologie, Heft 1.

III.

Die Gruppe III, »Forderungen der Gesellschaft«, bedarf nun noch einer genaueren Diskussion. In der amerikanischen Business-Ethics-Bewegung werden die hier angesiedelten Phänomene unter dem Stichwort »social responsibility« verortet. Nicht nur weil die deutsche Übersetzung des Begriffs irreführend wäre, möchte ich dafür argumentieren, ihn zu vermeiden, sondern auch weil er auf schwachen theoretischen Grundlagen steht. Man kann zwar mit Stakeholdermodellen leicht einsichtig machen, daß Unternehmen mit ihren Aktivitäten eine ganze Reihe von Interessen berühren, deren Berücksichtigung Bestandteil einer verantwortlichen Unternehmenspolitik sein muß. Eben nicht nur die der Kapitalgeber, sondern auch die der Kunden, Lieferanten, Konsumenten, Anwohner, Umwelt, des Staates und so weiter. Aber das Problem dieser Modelle ist, daß sie in der Regel keine Aussagen erlauben über die Qualifizierung und Hierarchisierung dieser Relationen. Wären alle gleich wichtig, und genau dies suggerieren Stakeholdermodelle prima facie, dann mutierte die Unternehmung von einer Organisation der Wirtschaft zu einem Institut zur Befriedigung multipler Ansprüche. Das ist aber so nicht durchführbar. Unternehmen verfertigen wirtschaftliche Entscheidungen unter Randbedingungen. Das bedeutet, daß sie unterschiedlichste Ansprüche in ihre Entscheidungslogik zu übersetzen haben, entweder als Handlungsbeschränkungen oder als Handlungsanreize. Aufgabe von Unternehmen ist es, unter dieser Vorgabe Kapital in der produktivsten Form zu verwerten. Dafür sind sie ökonomisch verantwortlich, und diese Verantwortung läßt sich genau zurechnen. Wem gegenüber sie aber und in welcher Form moralisch verwortlich sind, ist nicht leicht zu sehen. Sind Unternehmen überhaupt kollektive und moralische Akteure, und wenn ja, in welcher Weise? Ich werde später dafür argumentieren, daß Unternehmen als kollektive Akteure verstanden werden können, aber sie sind nach meiner Auffassung moralische Akteure nur in einem abgeleiteten Sinne. Primäre moralische Akteure in einem Unternehmen sind Personen, die als Repräsentanten für das Unternehmen handeln. Würde man die Firma als primären moralischen Agenten behandeln, dann liefe das auf eine Leugnung oder Abschwächung der Verantwortung von natürlichen Personen hinaus. Würde man hingegen Firmen überhaupt nicht als moralische

Agenten behandeln, wären sie frei von jeglicher moralischer Verantwortung.[24] Das wäre mit einer Legaldefinition herzustellen, aber ethische und politische Beobachter sehen anderes.[25]
Die hier angedeuteten Schwierigkeiten lassen sich lösen, wenn man die Probleme vertragstheoretisch reformuliert. Man muß dafür die Behauptung akzeptieren, daß Unternehmen nicht nur Organisationen im System Wirtschaft, sondern auch Institutionen im System Gesellschaft sind. Die Beziehung der Institution »Firma« zur »Gesellschaft« kann dann so interpretiert werden, als ob ein Sozialvertrag zwischen beiden existierte.[26] Interessentheoretisch ginge es der Gesellschaft dann etwa um die Erfüllung der in der Gruppe III angeführten Erwartungen und Forderungen durch das Unternehmen, während die Firma dafür im Austausch Akzeptanz und Authorität in der Gesellschaft anstrebt. Der Vorteil dieser theoretischen Disposition ist, daß dadurch sowohl deutlich wird, daß die Existenz von Unternehmen in der Gesellschaft der moralischen Legitimation bedarf, als auch, daß dieser Legitimationsbedarf an den Zweck der Unternehmung gebunden bleibt. Es wird in diesen Bereich seiner Aktivitäten solange investieren, wie die Erträge aus gesellschaftlicher Akzeptanz die Aufwendungen zu ihrer Produktion übersteigen.
Diese Investitionen sind Folge der Differenz von Legalität und Legitimität.[27] Diese Differenz läßt sich genauer bestimmen. Sie bezeichnet das aktive Übernehmen und Suchen von Verantwortung für gesellschaftliche, kulturelle und ökologische Fragen

24 Für die Schwierigkeiten dieser Abgrenzung vgl. K. E. Yandell (1989), Ethics in Business, Wisconsin, Mad.: University of Wisconsin, Extension, S. 72 ff.

25 In den USA hat die Regierung in ihren Federal Sentencing Guidelines 1991 festgeschrieben, daß Unternehmen für alle Handlungen ihrer Mitarbeiter finanziell und moralisch verantwortlich sind. Vgl. J. Wieland (1993), a.a.O.

26 Vgl. Th. Donaldson (1982), Corporations and Morality, Englewood Cliffs, NJ: Prentice Hall sowie die darauf bezogene kontroverse Diskussion in Heft 8/1989 und 9/1990 des Journal of Business Ethics und Vol. 5, No. 1 des Business & Professional Ethics Journal.

27 In diesem Sinne auch K. Homann (1991), Der Sinn der Unternehmensethik in der Marktwirtschaft, in: H. Corsten/L. Schuster/B. Stauss (Hg.), Die soziale Dimension der Unternehmung, Berlin: Schmidt, der dies allerdings als zu überwindendes Defizit der Rahmenordnung begreift.

durch Organisationen der Wirtschaft, das gleichzeitig im strategischen Interesse der Unternehmen selbst liegt. Dahinter steht die Einsicht, daß für die Verarbeitung der in dieser Gruppe erfaßten Entwicklungsprobleme moderner Gesellschaften die vorhandenen konstitutionellen und postkonstitutionellen Regelwerke systematisch defizitär sind. Purer Legalismus in diesen Fragen löst nicht die Sachprobleme und erzeugt dadurch Kosten für die Unternehmen, die einem Verlust an gesellschaftlicher Akzeptanz entsprechen. In funktional differenzierten Gesellschaften müssen Unternehmen ihre Fähigkeit und ihre Autorität bei der Lösung gesellschaftlicher Probleme, insofern sie sich auf die Allokation von Ressourcen, Waren und Diensten eines Unternehmens beziehen, jenseits aller Pflichten nachweisen. Ethische Unternehmensverfassungen und Branchenkodizes sind daher ein Versuch, zwischen kollektiven (staatlichen und organisationellen) und individuellen Verträgen ein Kontinuum von Selbstbindungsmechanismen für die Organisationsform »Firma« zu implementieren. Diese zielen einerseits darauf, die Preise für moralisches Verhalten in der Unternehmung zu senken und damit dessen Nachfrage zu stimulieren. Andererseits aber sind es aber auch konstitutionelle Festlegungen für die Unternehmung, die intern die wechselseitigen Verpflichtungen der Organisationsmitglieder und extern Selbstverpflichtungen gegenüber Dritten festschreiben.[28]

28 Damit ist implizit auch behauptet, daß die stillschweigende Annahme der Wirtschaftsordnungspolitik, die Rahmenordnung wirke als moralische Struktur, solange sie gilt, nur idealtypisch aufrechterhalten werden kann. Allerdings ist die Diskussion unter Ökonomen auch hier eröffnet. So haben Buchanan/Vanberg (1988, a.a.O.) in letzter Zeit darauf hingewiesen, daß es zwei verschiedene Fragen sind, warum soziale Akteure kollektive Verhaltensbeschränkungen vereinbaren und warum sie sich individuell an diese Vereinbarungen halten oder warum nicht. Konstitutionelles Interesse und Handlungsinteresse können auseinanderfallen. Dies generiert die Frage nach einem Mechanismus, der beide Interessen abstimmt. Buchanan/Vanberg operieren mit der Unterscheidung von Markt und Organisation und entsprechend unterschiedlichen Regeln für Zusammenarbeit: Solidarität und Vertrauen. Für eine mehr dynamische Interpretation der Rahmenordnung als »relatively absolute absolute« vgl. J. M. Buchanan (1991), The Economis and the Ethics of Constitutional Order, Ann Arbor: University of Michigan Press, Kap. 14.

Letzteres kann verstanden werden als Investition in die Verhaltensänderung dieser Dritten, sei es zur Errichtung, Fortschreibung oder Änderung moralischer Normen. Der Schumpetersche Unternehmer ist heute der Unternehmer, der in die Beeinflussung der moralischen Präferenzordnungen von anderen und in die Schaffung oder den Erhalt gesellschaftlicher Regeln investiert.[29]

Diese vertragstheoretische Interpretation von Unternehmen und ihren Verfassungen erlaubt es, Firmen als kollektive Akteure zu verstehen, ohne den interessensorientierten Ansatz des methodologischen Individualismus verlassen zu müssen. Sie sind kollektive Akteure in dem Sinne, daß sie in organisierter Weise Entscheidungen herbeiführen und durchführen können. Diese Definition schließt nicht aus, sondern ein, daß die Mitglieder dieser Organisation je eigene Ziele in und mit dieser Form verfolgen. Sie können dies aber nur, insofern sie die Unternehmensverfassung und den ethischen Verhaltenskodex und so weiter mit ihren Zielsetzungen und Regelungen über Entscheidungskompetenzen als konstitutionelle Beschränkung ihrer je eigenen Handlungsfreiheit akzeptieren.[30] Im unternehmensbezogenen konstitutionellen Vertrag zeigt sich die Firma gegenüber der Gesellschaft und ihren Mitgliedern als eigenständige und eigentümliche Handlungseinheit.[31] Es ist genau dieser Vertrag, der sie in der amorphen »Unternehmenslandschaft« abgrenzt: make a difference!

In ihrer Beschaffenheit als ein konstitutionell verfaßtes Netzwerk von Besitzern von Produktionsfaktoren, die ihre Ressourcen im Teamwork zusammenführen, liegt auch die Notwendigkeit der weiter vorne diskutierten Allokation moralischer Güter in der Unternehmung begründet. Jedes Team steht vor der Aufgabe, die anfallenden Erträge der zusammengeführten Ressourcen, seien sie materieller oder immaterieller Natur, zuzurechnen.

Aus dieser Perspektive zeigen sich deutliche Differenzen im Allokationsprozeß moralischer Güter zwischen den Gruppen I, II und III. In den Marktbeziehungen kann es nicht um die Zurechnung von Erträgen aus gemeinsamen Anstrengungen gehen, weil indi-

29 Vgl. J. M. Buchanan (1991), a.a.O., Kap. 15.

30 Vgl. V. Vanberg (1992), Organizations as Constitutional Systems, in: Constitutional Political Economy, Vol. 3, No. 2.

31 Vgl. ebenda, S. 238 ff.

viduelle Anbieter individuelle Erträge realisieren.[32] Die moralischen Güter hingegen müssen hier bereits kollektiv hergestellt sein, damit sie als soziale Güter von allen gemeinsam genutzt werden können. Moral zeigt sich hier in ihrer Eigenschaft als gesellschaftliches Kapital, als öffentliches Gut, zu dessen Erstellung alle beitragen müssen. Im Rahmen der Annahmen der ökonomischen Theorie wird dies geschehen, solange die Grenzerträge positiv sind. Ohne Zweifel: Moral erzeugt Kosten. Aber diese Kosten sind Investitionen in ein Vertrauenskapital, dessen Rendite in der Schaffung stabiler Handlungserwartungen, und das heißt sinkender Transaktionskosten, besteht.

Im Fall der Gruppe III hingegen handelt es sich um den Tausch verschiedener moralischer Güter zwischen Vertragsparteien: Distributive Gerechtigkeit gegen Akzeptanz. Diese Gruppe ist allerdings nicht nur in dieser Hinsicht unterschieden von den anderen Fällen. Die Differenz zwischen der moralischen (kommunale, nationale, internationale und intertemporale Verteilungsgerechtigkeit) und der wirtschaftlichen Codierung (unternehmens- oder branchenbezogene Kostenprävention durch gesellschaftliche Akzeptanz) weist in wichtigen Fällen eine besondere Beschaffenheit auf.

Erstens: Die moralische Codierung kann globale Dimensionen aufweisen, während die wirtschaftliche Codierung immer lokalen Bezug hat.

Zweitens: Weder Ursachen noch Wirkungen sind immer lokal, sondern häufig global. Das gilt für ökologische, weltwirtschaftliche und technologische Probleme. Entweder verkörpern hier Regeln (selbst- und fremdverpflichtende) Beschränkungen für alle, oder sie verfehlen ihren Zweck.

Drittens: Nationale konstitutionelle Regeln sind auf internationaler Ebene möglicherweise nicht verpflichtend oder konträr. Dies ist etwa der Fall, wenn nach deutschen Kriterien gesundheitsschädliche Produkte und Produktionsverfahren in Malaysia als unauffällig gelten. Es existieren Widersprüche sowohl zwischen Teilgesellschaften multinationaler Unternehmen als auch zwischen den jeweils herrschenden konstitutionellen Regelungen.

Viertens: Gefundene Lösungen müssen in den hier erwähnten Fällen bestimmten Stabilitätsansprüchen genügen, sind also gerade nicht zeit- und kontextvariant angelegt.

32 Vgl. ebenda, S. 245.

Aus all dem folgt nach meiner Meinung, daß Unternehmen nicht zur Übernahme von »social responsibility« unabhängig von allen Produktions- und Wettbewerbsbedingungen verpflichtet sind. Anders formuliert: Hier hat die konstitutionelle Regelung im Prinzip den lexikalischen Vorrang, denn nur dort kann über die globale Allokation von Gütern der Verteilungsgerechtigkeit entschieden werden. Womit nicht gesagt ist, daß Unternehmen und Individuen aus der moralischen und wirtschaftlichen Verantwortung entlassen wären. Wozu sie ethisch als Bürger und ökonomisch als Unternehmer verpflichtet sind, ist die Mitwirkung an der Schaffung und Verallgemeinerung neuer Produktions- und Wettbewerbsbedingungen, in deren Rahmen die Lösung der Probleme dann, so jedenfalls die Hoffnung, besser möglich ist.
Es zeigt sich an dieser Stelle, daß der konstitutionelle Aspekt, der in jeder Entscheidung lokaler Gerechtigkeit als ein Entscheidungskriterium zum Tragen kommt, im Hinblick auf diese Problemgruppe dominant werden kann. Dies ist der Punkt, wo »lokale Gerechtigkeit« und »konstitutionelle Gerechtigkeit« zusammenfallen oder, wie in internationalen Beziehungen, konstitutionelle Gerechtigkeit zur lokalen mutiert.
Zum Abschluß dieses Abschnitts noch einige Anmerkungen. Wirtschafts- und Unternehmensethik thematisiert unvermeidlich Kosten- und Effizienzgesichtspunkte, und zwar in einem nichtpejorativen Sinne. Es gibt weder Probleme noch Lösungen für Probleme in der Wirtschaft, die nicht wirtschaftlich sind. Dies ist kein Mangel für eine Ethik der Wirtschaft, sondern macht umgekehrt gerade ihren Realismus und ihre Glaubwürdigkeit aus. Nur so läßt sich überhaupt begründen, warum man einer Ethik ökonomisch handlungswirksame Resonanz zutraut. Anderenfalls wäre sie keine systembezogene Wirtschafts- und Unternehmensethik, sondern auf Universalisierung zielende Ethik. Nur diese kann auf Autonomie abstellen und behaupten, daß sie erst dort beginne, wo sie von der Sprache der Ökonomie als Differenz zu unterscheiden sei.
Man kann jetzt gleichfalls sehen, warum Moral in der Wirtschaft auf eine Reduktion von Komplexität durch Zunahme von Komplexität für Unternehmensentscheidungen hinausläuft. Sie ist ein Kostensenkungsprogramm, dem Wirksamkeit nur zugetraut werden kann, wenn die Wirksamkeit moralischer Standards (Fairneß, Goldene Regel, Sinn für Gerechtigkeit usw.) und die Akzeptanz

individueller und organisationeller Bindungen vorgängig gegeben und in die Unternehmensfunktionen eingebaut sind. Dieses Erfordernis einer Mindestmoral in der Wirtschaft läßt sich auch so formulieren: Die moralische Dimension muß als solche (also nicht selbst aus dem ökonomischen Kalkül folgend) präsent sein, damit der ökonomische Effekt der Kostensenkung eintreten kann. Dies ist die Kehrseite des Arguments, daß aus einer rein ökonomischen Perspektive die Frage der Moral nur ein temporäres Phänomen ist. Ihr kann Wirksamkeit nur solange zugetraut werden, wie die Kosten marktförmiger oder rechtlicher Regelungen prohibitiv hoch sind. Das ist allerdings in funktional ausdifferenzierten Gesellschaften systematisch der Fall. Nicht alles ist vertraglich beim Vertrag.[33]

IV.

Kommen wir nun noch zu einigen Konsequenzen, die die bisherige Diskussion für die Theoriearchitektur einer Wirtschafts- und Unternehmensethik haben könnte. Klar scheint nach dem bisher Gesagten zu sein, daß sie nicht auf die universalistische Begründung ethischer Prinzipien und Verfahren zur Lösung ethisch-ökonomischer Fragen in der Wirtschaft abstellen kann. Sie würde damit, ganz wie die philosophische Ethik, in Abstraktionslagen getrieben, für die es keine Anwendungsfälle gibt. Die nächste Frage lautet: welche Ethik? Die Anwendung verschiedener ethischer Theorien (sagen wir Utilitarismus, Kantianismus, Diskurstheorie, Vertragstheorie) auf spezifische Probleme der Wirtschaft führt zu inkonsistenten Resultaten. »Insider Trading« kann aus utilitaristischer Perspektive über positive Wohlfahrtseffekte gerechtfertigt werden, während es sich aus vertragstheoretischer

33 So Emile Durkheim 1893: »... denn nicht alles ist vertraglich beim Vertrag. Die einzigen Verpflichtungen, die diesen Namen verdienen, sind jene, die von den Individuen gewollt sind und keinen anderen Ursprung haben als diesen freien Willen. Umgekehrt hat keine Verpflichtung, die nicht gegenseitig zugestanden ist, etwas Vertragliches an sich. Nun ist aber der Vertrag überall dort, wo er existiert, einer Regelung unterworfen, die das Werk der Gesellschaft ist und nicht das der Einzelperson, und diese Reglementierung wird immer umfangreicher und immer komplizierter.« Durkheim (1988), a.a.O., S. 267f.

Perspektive um die Verletzung von Eigentums- und Verfügungsrechten an Informationen handeln würde. Hinzu kommt: als dann normativ argumentierende würde sie das Feld der Wissenschaften räumen müssen. Man muß zwischen der Begründung und gesellschaftlichen Kommunikation moralischer Sätze und ihrer Anwendung unterscheiden. Es handelt sich um zwei verschiedene Ebenen, deren Beziehung philosophisch wenig geklärt ist.[34] Was kann man angesichts all dieser Schwierigkeiten über die Beschaffenheit einer Ethik der Wirtschaft jetzt schon sagen? Vielleicht soviel: sie sollte als anwendungs- und entscheidungsorientierte Reflexionstheorie moralisch-ökonomischer Problemlagen angelegt sein, also auf der zweiten Ebene moralischer Kommunikation. Ihre Aufgabe wäre es dann, die Struktur moralökonomischer Probleme zu rekonstruieren und zunächst die involvierten und möglicherweise konfligierenden Logiken und deren Ansprüche zu explizieren. Was man damit erreichen könnte, wären i) die Differenzierung von wirtschaftlichen Entscheidungsprozessen in ihre moralischen (und natürlich auch technischen, rechtlichen, psychologischen, sozialen, politischen) und ökonomischen Aspekte, ii) die Wahrnehmung und Akzeptanz pluraler und nicht

34 Vgl. zu diesem Gesichtspunkt den Beitrag von Eilert Herms in diesem Band. Herms operiert mit der Unterscheidung von wirtschaftsethischer Urteilsbildung und tatsächlichem Vollzug einer Entscheidung. Darin liegt eine Selbstbescheidung der Ethik, die die Philosophie und die Sozialethik allerdings nicht aus ihrer Verantwortlichkeit für ihre Urteile entläßt. Verantwortlich aber könne nur sein, so Herms, wer über einen Begriff der guten Gesellschaft als Referenzpunkt der Urteilsbildung verfüge. Damit bleibt aber die Frage unbeantwortet, wie in differenzierten und pluralistischen Gesellschaften eine universalisierbare Vorstellung eines höchsten Gutes möglich ist. Die Kontingenz ethischen Wissens führt auch Jürgen Habermas zur Unterscheidung von Begründungs- und Anwendungsdiskursen. Während die Prinzipien der Diskursethik auf Begründungsfragen zugeschnitten sind, für die die Anwendungsbedingungen nicht immer gegeben sind, soll im Anwendungsdiskurs das »Prinzip der Angemessenheit« die Rolle des Universalisierungsgrundsatzes übernehmen. Vgl. J. Habermas (1991), Erläuterungen zur Diskursethik, Frankfurt a. M.: Suhrkamp, S. 132 ff. K. Günther (1988), Der Sinn für Angemessenheit. Anwendungsdiskurse in Moral und Recht, Frankfurt a. M.: Suhrkamp; K.-O. Apel / Kettner, M. (Hg.) (1992), Zur Anwendung der Diskursethik in Politik und Wissenschaft, Frankfurt a. M.: Suhrkamp.

aufeinander reduzierbarer Entscheidungswerte im Hinblick auf ein definiertes Problem und iii) die Balancierung dieser autonomen und möglicherweise konfligierenden Ansprüche zu einer Entscheidung.[35] Sie wäre demnach ein empirisch-analytisches und theoretisches Forschungsprogramm, das über moralische Tatbestände spricht, ohne sie zu werten.

In genau diesem Sinne wäre Wirtschafts- und Unternehmensethik als Problem lokaler Gerechtigkeit verstanden. Die Annahme darin involvierter differenter und potentiell konfligierender Entscheidungslogiken hat weitreichende Konsequenzen. Auch darüber wissen wir nur wenig, aber was man wissen kann, ist folgendes.

Erstens: Vermutlich müßte man die Annahme aufgeben, so etwas wie eine einheitliche und zugleich anwendungsfähige Moral sei in modernen Gesellschaften möglich. Diese Schlußfolgerung ist allerdings so neu nicht. Sie lag schon immer in der Reichweite funktionalistischer Theorien.[36] Jedenfalls notierte Durkheim in seinen Vorlesungen zur Soziologie der Moral: Der »funktionalen Differenzierung entspricht eine Art moralischer Polymorphismus ...«.[37] Für ihn war der moralische Diskurs in Gesellschaften dieser Bauart dezentralisiert in ein Neben- und Gegeneinander funktional eingebundener Moralen.[38] Genau in diesem Sinne konnte Durkheim dann auch für eine Moralisierung des Wirtschaftslebens argumentieren. Ihm ging es nicht um abstrakte Regeln, sondern um auf praktische Probleme zugeschnittene sanktionsbewehrte Regeln.[39] Etwas abstrakter formuliert kann man

35 Vgl. V. H. Schmidt (1992), a.a.O.

36 Vgl. auch G. Simmel (1991), a.a.O., S. 331 ff.

37 E. Durkheim (1991), a.a.O., S. 18.

38 Durkheims Beobachtung, daß funktionale Differenzierung zu einem ethischen Polymorphismus in modernen Gesellschaften führt, läßt sich vielleicht dahingehend verallgemeinern, daß funktionale Differenzierung ebenfalls zur Notwendigkeit der weiteren Ausdifferenzierung des Gerechtigkeitsbegriffes der Praktischen Philosophie geführt hat. Schon Aristoteles erweiterte Platons Gerechtigkeitsbegriff um die Dimension einer spezifisch-ökonomischen Gerechtigkeit. Philosophisch kann man heute der wachsenden Komplexität von Entscheidungen vielleicht dadurch Rechnung tragen, daß verschiedene Gerechtigkeitstypen verschiedenen »Spheres of Justice«, und nur diesen, zugerechnet werden. So jedenfalls M. Walzer (1983), Spheres of Justice. A Defense of Pluralism and Equality, o. O.: Basic Books.

39 Vgl. E. Durkheim (1991), a.a.O., S. 25.

vielleicht sagen, daß Moral in funktional differenzierten Systemen der Gesellschaft (ich diskutierte also nicht personale Moral) nur dann eine Wirkung zugetraut werden kann, wenn sie im Prozeß der fortschreitenden Objektivierung personaler Relationen zu Systemstrukturen selbst eine funktionale Rolle übernimmt. Es ist dieser Vorgang, der zu funktional orientierten multiplen Moralen führt, die auf der Mesoebene der Gesellschaft in intermediären Institutionen verankert sind. Ihre Leistung für die Organisationen der Wirtschaft ist es, die Durchführung des ökonomischen Funktionscodes auch dort noch zu sichern, wo das mit rechtlichen und ökonomischen Mitteln nicht mehr möglich ist.

Zweitens: Anders als eine universalistische Ethik geht das Konzept lokaler Gerechtigkeit davon aus, daß fast immer mehrere äquivalente Lösungen – wenn es denn überhaupt »Lösungen« gibt – eines Problems möglich sind, wovon jede ihre spezifischen Nachteile hat. Wirtschaftsethische Entscheidungen haben sehr häufig den Charakter von »tragic choices«[40], und sie können auf die Frage des Sokrates, was denn das Gute sei, keine eindeutige Antwort geben. Mit Simmel könnte man vielleicht ihre Stärke darin sehen, daß lokale Gerechtigkeit nicht auf die Vermeidung von Differenz und Dilemmata setzt, sondern daß sie darauf baut, daß nur durch die Anerkennung von Differenzen, Dilemmata und Paradoxien hindurch sich moralisches Bewußtsein bilden kann.[41]

Das zwingt der moralischen Kommunikation, die sich auf ökonomische Operationen bezieht, die Einsicht auf, daß es aus praktischen Gründen zwischen der Codierung Gut/Böse immer auch einen dritten Wert geben muß, den der »moralischen Umsicht«.[42] Deren Frage lautet, ob man das, was man moralisch wollen soll, auch ökonomisch wollen darf. Sie fragt daher nicht nur, wie die traditionelle Ethik in zumeist kritischer Absicht, nach den moralischen Voraussetzungen und Konsequenzen von Ökonomie, sondern auch nach den ökonomischen Konsequenzen und Vorausset-

40 Vgl. G. Calabresi/P. Bobbit (1978), Tragic Choices, New York/London: Norton.

41 Vgl. G. Simmel (1989), a.a.O., S. 172; ders. (1991), a.a.O., S. 331 ff., S. 348.

42 N. Luhmann (1989), Gesellschaftsstruktur und Semantik. Studien zur Wissenssoziologie der modernen Gesellschaft, Bd. 3, Frankfurt a. M.: Suhrkamp, S. 386.

zungen von Moral. Nur so wird der von Luhmann immer wieder zu Recht betonte polemogene Charakter der Moral verarbeitbar, und nur so kann Wirtschaftsethik vor Moral warnen. (Luhmann) In der Sprache der Ökonomik entspringt der polemogene Charakter der Moral aus dem Umstand, daß unter der Bedingung von Knappheit und Opportunitätskosten nur die simultane Allokation von »gut« und »schlecht«, von Nutzen und Lasten möglich ist.[43] Moral ist immer kostenpflichtig. Werden Vorteile und Kosten ethischer Entscheidungen entkoppelt und asymmetrisch verteilt, kommt es zum Konflikt.

Drittens: Es sollte deutlich geworden sein, daß aus dem Problem der Balancierung differenter Entscheidungslogiken die Notwendigkeit erwächst, lokale Gerechtigkeit als Übersetzungsprogramm differenter Systemsprachen zu betreiben.[44] Ökonomisch gesehen hat Moral gute und schlechte Konsequenzen, und es sind diese Konsequenzen, die über die Gültigkeit ethischer Normen in Wirtschaft und Gesellschaft mitentscheiden.[45] Das ist der Anwendungsfall der eher theoretischen Einsicht, daß es die Strukturbedingungen des Funktionssystems Wirtschaft (und die der anderen jeweils involvierten Systeme) sind, die die Funktion der Moral in der Wirtschaft definieren und limitieren.[46] Der Punkt ist einfach der, daß niemand, der in der Wirtschaft handelt, an Unterscheidungen wie Kosten/Ertrag oder effizient/ineffizient auch im Hin-

43 Dieser Gesichtspunkt wird in der aktuellen wirtschaftsethischen Diskussion nur selten traktiert. Warum? Eine Erklärung könnte sein, daß die ethische Tradition sich als Sachverwalterin des moralisch Guten (Luhmann) versteht und allenfalls die negativen Folgen guter Absichten als paradoxe Ausnahmen zuläßt. Das Neue an der neuen Wirtschaftsethik wäre demnach, daß sie sich weder von vornherein auf die Seite des moralisch Guten schlägt, noch die Lasten moralischer Entscheidungen als bloße paradoxe Ausnahmen betrachtet.

44 Vgl. J. Wieland (1991), Strukturelle Voraussetzungen und Grenzen ökologischer Kommunikation im System der Ökonomie, in: F. Bekkenbach (Hg.), Die ökologische Herausforderung für die ökonomische Theorie, Marburg: Metropolis; ders. (1991), Wirtschaftsordnung und Theorie ökonomischer Moral. Überlegungen zu einer begrifflichen Architektur, in: W. Marhold/M. Schibilsky, Ethik, Wirtschaft, Kirche. Verantwortung in der Industriegesellschaft, Düsseldorf: Patmos.

45 Vgl. den Beitrag von K. Homann in diesem Band.

46 Vgl. N. Luhmann (1989), a.a.O., S. 431 ff.

blick auf moralische Fragen auf die Dauer vorbeikommt. Dies gilt entsprechend für den, der ethische Resonanz in der Wirtschaft auslösen will. Dabei geht es nicht um die Moralität von Moral, sondern um ihre Faktizität. Erst diese Perspektive erlaubt es, nach der Funktion von Moral im System der Wirtschaft zu fragen.[47] Nur so lassen sich weiterhin, wenn überhaupt, die legitimen Ansprüche der beteiligten Entscheidungslogiken klären und Wege ihrer Balancierung finden. Die Einschränkung bezieht sich auf die gesellschaftliche und theoretische Erfahrung, daß solche Übersetzungsprogramme in systematischen Falschübersetzungen und Nichtübersetzbarkeit ihre Grenze finden, die in der Selbstreferentialität autonomer Systeme und der sich darauf beziehenden Reflexionstheorien begründet sind.[48] Sie bezieht sich fernerhin auf die Tatsache, daß wir bis jetzt nur wenig darüber wissen, nach welchen Gesichtspunkten empirisch die verschiedenen Ansprüche durch soziale Akteure abgewogen werden und letztlich eine Entscheidung getroffen wird.[49] Noch weiter entfernt sind wir von philosophisch oder wissenschaftstheoretisch begründeten Metaregeln, die einen solchen Prozeß normativ absichern könnten und für den Konfliktfall einen Entscheidungsallgorithmus zur Verfügung stellten, dem Anwendungsfähigkeit zugetraut werden kann. Ob es jemals dazu kommen wird, kann man mit guten Gründen bezweifeln. Wenn es aber überhaupt dazu kommen soll, dann nur durch die in Fällen lokaler Gerechtigkeit gesammelten Einsichten hindurch.

Viertens: Differente Logiken müssen nicht zwingend übersetzt werden. Moderne Gesellschaften haben auch die Möglichkeit, auf funktionale Äquivalente umzustellen. Verschiedene Aspekte des bereits diskutierten Verhältnisses von lokaler und konstitutioneller Gerechtigkeit fallen unter diese Rubrik. Obgleich es vermutlich kein Problem lokaler Gerechtigkeit ohne konstitutionellen

47 Vgl. N. Luhmann (1978), Soziologie der Moral, in: N. Luhmann/St. H. Pfürtner (Hg.), Theorietechnik und Moral, Frankfurt a. M.: Suhrkamp, S. 45.

48 Vgl. für die ökonomische Kommunikation über Ökologie und Suchtverhalten J. Wieland (1991), a.a.O.; ders. (1992), Sucht, ökonomische Vernunft und moralische Ordnung, in: K. Homann (Hg.), Wirtschaftsethische Perspektiven des Drogenproblems, Berlin: Duncker & Humblot.

49 Vgl. V. H. Schmidt (1992), a.a.O.

Aspekt gibt und umgekehrt und daher Übersetzungsarbeit notwendig ist, bilden die jeweiligen Extremwerte füreinander funktionale Äquivalente. Moral wird durch die dabei vollzogene Umstellung auf Recht oder Politik oder Ökonomie als kontingent gesetzt und dadurch der Frage nach einem funktionalen Äquivalent für sie ausgesetzt. Das gilt für jede beliebige Reihenfolge dieser Entscheidungslogiken. Funktionale Äquivalente sind dreistellige Relationen, die durch einen Bezugsgesichtspunkt (Problem), das Identisch-Halten der Funktion und die Akzeptanz mehrerer Arten der Funktionserfüllung definiert sind.[50] Funktionale Äquivalente erfüllen demnach mit Bezug auf das in Frage stehende Problem keine Kompensationsaufgabe. Ethische Unternehmensverfassungen sind keine Kompensation von Politik durch Ökonomie und Ethik und keine Kompensation von Ökonomie durch Ethik. Sie sind vielmehr der Versuch, für in bestimmten Bereichen defizitäre konstitutionelle und postkonstitutionelle Verträge ein funktionales Äquivalent zu finden. Die Absicht ist, stabile Handlungserwartungen dadurch zu schaffen, daß man sich selbst festlegt und damit Anreize für andere schafft, sich auch festzulegen. Mit anderen Worten: Moral kann weder Ökonomie noch Politik kompensieren, noch ist das jeweils Umgekehrte möglich. Einer Ethik der Wirtschaft als Problem lokaler und konstitutioneller Gerechtigkeit geht es darum, die Akzeptanz von Grenzen und die Möglichkeiten des Zusammenspiels spezifischer Problemcodierungen auszuloten. Es geht ihr weiterhin darum, die sich vollziehende Verschiebung innerhalb der Tektonik gesellschaftlicher Steuerungspotentiale verstehen zu lernen, in der offenbar intermediären Organisationen wie etwa Unternehmungen eine zunehmende Bedeutung bei der Herbei- und Durchführung komplexer gesellschaftlicher Entscheidungen zuwächst. Aus dieser Perspektive ist die Renaissance des Themas »Wirtschaft und Ethik« in funktional differenzierten Gesellschaften, als unternehmenspolitische Aufgabe und als Problem einer Theorie der Gesellschaft, so erstaunlich nicht.

50 Vgl. N. Luhmann (1978), a.a.O., S. 63 f.

Karl Homann
Wirtschaftsethik
Die Funktion der Moral in der modernen Wirtschaft

Die gegenwärtige Welt ist von globalen Krisen und dem entsprechenden Krisenbewußtsein gekennzeichnet: Ich erinnere nur an anhaltende Arbeitslosigkeit, fortgesetzte Zerstörung der natürlichen Umwelt, Bevölkerungsentwicklung, Hunger, Armut und Unterentwicklung in der Dritten und Zweiten Welt sowie die drohende Armutsmigration.
In dieser Situation richten sich große Erwartungen an die Moral und an die Ethik als Theorie der Moral. Insofern »die Wirtschaft« zentral in die Krisen involviert ist, richten sich besondere Erwartungen an die Wirtschaftsethik: Mehr Moral in der Wirtschaft soll nach Meinung vieler das Mittel sein, die Krisen zu überwinden. Die Einschätzung, das moralische Bewußtsein sei mit dem Anwachsen der technischen Fähigkeiten des Menschen nicht mitgewachsen, führt zu Kampagnen einer moralischen Aufrüstung: Bewußtseinsänderung, »Umkehr«, Präferenzenänderung durch Metapräferenzen, Verankerung in neuer Deontologie sowie Ausdehnung der Verantwortung auf die Fernwirkungen des Handelns einschließlich der Wirkung auf künftige Generationen sind prominente Forderungen in dieser Diskussion.
Demgegenüber begegnet man unter Sozialwissenschaftlern, vor allem unter Ökonomen, eine entgegengesetzte Auffassung. In der schwächsten Variante wird behauptet, Moral in der Wirtschaft sei wirkungslos. Andere Autoren gehen weiter: Für sie stört Moral die Funktionsfähigkeit der Wirtschaft, während andere die Ablösung der traditionellen Solidaritätsmoral durch eine neue Moral der Marktwirtschaft mit Tugenden wie Fleiß, Verläßlichkeit, Vertragstreue u. ä. behaupten bzw. verlangen.[1]
Die einen beklagen also, daß es in der modernen Welt zuwenig Moral gibt, andere warnen vor zuviel Moral. Die einen erwarten die Bewältigung der Krisen von moralischer Aufrüstung, während

1 Vgl. etwa Hoppmann (1990); Giersch (1991).

die anderen auf einer Analyse der gesellschaftlichen Prozesse bestehen und Ratschläge zur Überwindung der Krisen allenfalls ganz vorsichtig geben, am liebsten aber alles der Evolution überlassen möchten, was ihnen dann den Vorwurf des Konservatismus einträgt.

Wirtschaftsethik befaßt sich nach meiner Auffassung mit der Frage, welche moralischen Normen und Ideale unter den Bedingungen der modernen Wirtschaft und Gesellschaft zur Geltung gebracht werden können. Dementsprechend verfolge ich zwischen den beiden genannten Auffassungen die Strategie, einerseits mit den Moralphilosophen an der Normativität von Wirtschaftsethik festzuhalten, um Wirtschaft und Gesellschaft gemäß moralischen Vorstellungen gestalten zu helfen, andererseits aber diese Zielsetzung durch positive Theorie in die Funktionsbedingungen der modernen Wirtschaft einzuarbeiten. Normativität muß positiv abgearbeitet werden – das ist das Programm. Für dieses Programm ist jede Re-Moralisierung von Handeln in ausdifferenzierten Teilsystemen nicht nur störend, sie führt sogar zu einer Erosion der Moral, weil Appelle an die Moral in institutionell gesteuerten Prozessen einen »demoralisierenden Effekt«[2] haben können: Überforderung führt zu Frustrationen, »concience is self-eliminating«.[3]

In den folgenden Überlegungen will ich zeigen, wo moralische Leitvorstellungen, Prinzipien und Ideale in der modernen Wirtschaft geblieben sind und welche Funktion die Moral von Individuen und moralischen Gemeinschaften in der modernen Wirtschaft haben kann. Ich trage diese Überlegungen in drei Schritten vor. Der erste Abschnitt entwickelt das klassische Konzept einer normativen Ökonomik, der zweite vergleicht die soziologische Theorie der Moral mit einer Wirtschaftsethik, die an den »ökonomischen Imperialismus« anknüpft, und der dritte Abschnitt versucht, die Funktion der Moral in der modernen Wirtschaft zu bestimmen.

2 Krings (1991), S. 229; vgl. auch S. 230: »Das Gewissen des einzelnen kann ein Versagen der Institution nicht kompensieren.«
3 Hardin (1968), S. 1246.

1. Das klassische Konzept einer normativen Ökonomik

Die klassische Ökonomik entsteht aus der Moralphilosophie und verfolgt das Ziel, die moderne Wirtschaft und Gesellschaft gemäß moralischen Leitvorstellungen zu gestalten. Gestaltung verlangt immer empirische Kenntnisse, also eine positive Sozialtheorie; deren Struktur ist aber zum Teil vom Telos der Gestaltung bestimmt.

Die Leistung von Adam Smith besteht darin, das Paradigma der Moralphilosophie auf die »Bedingungen der modernen Wirtschaft und Gesellschaft« umgestellt zu haben. Die moderne Wirtschaft ist gekennzeichnet durch tiefe Arbeitsteilung, anonyme Austauschprozesse, lange Wirkungsketten unter Beteiligung vieler Akteure am Ergebnis, wachsende Interdependenzen und hohe Komplexität. Von entscheidender Bedeutung für die Lebenslage der Menschen ist das Gesamtresultat einer Volkswirtschaft, heute der Weltwirtschaft, für das aber kein einzelner mehr verantwortlich (zu machen) ist. Es entsteht vielmehr als Resultat eines Prozesses, der durch individuelle Moral nicht zu steuern ist. Interdependenzen und Komplexität bedingen die Umstellung von Handlungssteuerung durch moralische Motive und Ziele auf Systemsteuerung: Die Ordnung, die Struktur wird entscheidend für das Resultat.

Das moralisch erwünschte Ergebnis – Wohlstand als Ermöglichung der Freiheit aller – wird so von den Motiven der Akteure abgekoppelt: »Nicht vom Wohlwollen des Metzgers, Brauers und Bäckers erwarten wir das, was wir zum Essen brauchen, sondern davon, daß sie ihre eigenen Interessen wahrnehmen.«[4] J. Schumpeter unterscheidet hier zwischen »Motiv« und »sozialem Sinn«.[5] Das Paradigma der Ethik wird von der Individualethik, die wesentlich eine Tugendethik war, auf die Sozialethik, auf die Ordnungsethik umgestellt. Die moralischen Intentionen – die letztlich auf die Solidarität aller Menschen zielen, wie sie ursprünglich in der Goldenen Regel als dem Prinzip aller Moral formuliert ist – werden durch die Ordnung, durch die Spielregeln realisiert, damit in den Handlungen, in den Spielzügen, die Produktivität des Wettbewerbs genutzt werden kann. Der systematische Ort der

4 Smith (1776/1978), S. 17.
5 Schumpeter (1972), S. 448.

Moral in der Marktwirtschaft ist die Rahmenordnung[6], die Struktur, die politisch gestaltet wird. Moral erscheint dann im Handlungsvollzug, in den Spielzügen, nicht mehr als Motiv oder Tugend, sondern als (rechtliche) Restriktion. Die klassische normative Ökonomik steuert über allgemeine Regeln, institutionelle Strukturen, und nicht von Fall zu Fall, nicht interventionistisch. Es geht um die Verläßlichkeit wechselseitiger Verhaltenserwartungen, die durch allgemeine Regeln gewährleistet wird.

Der Wettbewerb ist äußerst produktiv. Er entfaltet die erwünschten Fähigkeiten nur, wenn er (a) unter Regeln gesetzt wird und wenn (b) solche Aktivitäten, in denen er zu allgemein unerwünschten Resultaten führen würde, anders als wettbewerblich geregelt werden (z. B. öffentliche Güter wie der Schutz der natürlichen Umwelt). Solche Aktivitäten müssen wettbewerbsneutral durch allgemeinverbindliche Regeln gesteuert werden. Wenn man Moral realisieren will, dürfen sich Verletzungen von Recht und Moral für keinen Wettbewerber auszahlen, da dieser sonst alle anderen Wettbewerber ebenfalls zum Verstoß gegen moralische und rechtliche Normen zwingen würde.

Ich will dieses klassische Konzept gegen zwei andere sozialwissenschaftliche Ansätze profilieren.

1. Im ersten Ansatz fasse ich deontologische und präferenztheoretische Positionen zusammen. Hier wird versucht, die Gestaltung der Gesellschaft über eine Korrektur des Bewußtseins, der Gesinnung, der Motive, der Präferenzen durch Metapräferenzen vorzu-

6 Die Rahmenordnung ist nach dieser von mir vertretenen These weder der einzige noch der quantitativ häufigste oder qualitativ wichtigste Ort der Moral in der Marktwirtschaft, sondern lediglich der »systematische Ort« in dem Sinne, daß unter Bedingungen des Wettbewerbs Moral nur wettbewerbsneutral, und d. h. auf der Ebene der für alle Akteure gültigen Rahmenordnung, zur Geltung gebracht werden kann. Insofern die Rahmenordnung entscheidend ist, welche Handlungsmöglichkeiten den Akteuren verbleiben und wie die Belohnungs- und Sanktionsstrukturen für diese Handlungen aussehen, müssen die Handlungsmöglichkeiten immer gegen die Ordnung, innerhalb derer sie stattfinden, geprüft werden, und auch in diesem Sinne ist die Rahmenordnung der »systematische Ort« der Moral in der Marktwirtschaft. Anders herum gesagt: Moral von den Handlungen der Akteure zu verlangen, ohne die Rahmenordnung in die Betrachtung einzubeziehen, geht an den Konstitutionsbedingungen moderner Marktwirtschaften vorbei.

nehmen.[7] Im Gegensatz zu diesen Ansätzen hält der Ökonom aus methodischen Gründen die Präferenzen stabil und setzt an bei Restriktionen bzw. Restriktionenänderungen. Handlungsrestriktionen sind größtenteils institutionell bestimmt und können daher politisch gestaltet werden. Klassische Ökonomik ist aus diesem Grund komparative Institutionenanalyse mit dem Ziel der Verbesserung des institutionellen Arrangements. Unter Voraussetzung von Dilemmastrukturen hängt das Funktionieren von Institutionen nicht vom guten Willen ab[8], sondern vom Konsens über Regeln und von ihrer Durchsetzung.[9]

2. In der systematischen Bedeutung von Dilemmastrukturen für die Ethik liegt der wichtigste Unterschied zur Diskursethik begründet.

Entscheidend für Dilemmastrukturen ist, daß das Ergebnis meines Handelns nicht von meinem Handeln (allein) abhängt, sondern davon, was die anderen – z. T. in Reaktion auf mein Handeln – tun. Die Überwindung des Naturzustandes bei Thomas Hobbes ist abhängig von der Abrüstung ausnahmslos aller, also von einer

7 Klassisch die Arbeit von Sen (1977); Etzioni (1989); Hirschman (1984). Letztlich gehören hierher auch die Ansätze von Kohlberg (1981) und Jonas (1985).

8 Grundlegend zu Dilemma-Strukturen u. a. Axelrod (1984/1987). Vgl. dazu die Überblicksartikel von Locher (1991) mit weiterer Literatur. Ergänzend Homann, Pies (1991), wo in Ergänzung zu Locher (1991) herausgearbeitet wird, daß moderne Gesellschaften Dilemmastrukturen auch zum Wohl der Allgemeinheit etablieren und aufrechterhalten: Der Wettbewerb ist zu begreifen als Aufrechterhaltung des Gefangenendilemmas auf der Seite der Anbieter. Zum Thema »Wettbewerb und Moral« vgl. auch Homann (1990).

9 Dies ist wie folgt zu begründen. Die Leistungsfähigkeit der modernen Wirtschaft beruht auf der gesellschaftlichen Zusammenarbeit: Zusammenarbeit ist produktiv. Zugleich ist Zusammenarbeit aber auch gefährlich: Sie ermöglicht – in Ermangelung der unmittelbaren sozialen Kontrolle in der Kleingruppe – in den anonymen und dilemmatischen Strukturen der modernen Wirtschaft die Ausbeutung des einzelnen, der dann nur mit Gegen-Ausbeutung (Revanchefouls) reagieren kann. Wenn im Gefangenendilemma einer defektiert, dann ›zwingt‹ er alle anderen, auch zu defektieren, und die Gesellschaft landet in der kollektiven Irrationalität: Umweltzerstörung, Bevölkerungsentwicklung, der Zusammenbruch des Sozialismus und Unterentwicklung weisen solche Strukturen auf.

Kollektivlösung und ihrer Durchsetzung. Eine Gruppe, modelltheoretisch sogar ein einzelner, ist aufgrund der Logik von Gefangenendilemmastrukturen in der Lage, die Gesellschaft wieder in den Naturzustand zurückzuversetzen. Für das angemessene Ethik-Paradigma bedeutet das: *Eine moralische Norm hat keine Gültigkeit, solange ihre Durchsetzung nicht sichergestellt ist.* Die Gültigkeit von Normen wird in Dilemmastrukturen, die allgegenwärtig sind, von ihrer empirischen Implementation abhängig: Das Urteil des Bundesverfassungsgerichts zur Zinsbesteuerung von 1991 hat dieses Prinzip wieder in Erinnerung gerufen.

Das Programm der Diskursethik[10] ist demgegenüber darauf angelegt, die Gültigkeit moralischer Normen unabhängig von ihrer Implementierung zu halten, um Politikprozessen eine nichtdisponible Vorgabe machen zu können. Das Fehlen einer Institutionentheorie hat hier den systematischen Grund. Demgegenüber sind nach der hier vertretenen Auffassung moralische Normen Instrumente der Menschen, ihre erwünschten Kooperationen zu stabilisieren und unerwünschte wie z. B. Kartelle zu unterbinden.[11] Sie haben im po-

10 Zur Diskursethik vgl. besonders Habermas (1981), (1983), (1984), (1990), besonders das neue Vorwort S. 11-50 (1991); Apel (1981), (1984), (1988). – J. Habermas scheint daran zu arbeiten, dieses Defizit abzubauen, betont aber soeben wieder, die Diskursethik liege systematisch Institutionalisierungsfragen voraus. K.-O. Apel geht (1988) auf die Frage ein, was man tun soll, solange die Welt noch nicht die Bedingungen des herrschaftsfreien Diskurses erfüllt; er läßt hier strategisches Handeln zu – vorübergehend, angelegt auf »progressive Erübrigung«; S. 299. – Diese Kritik trifft auch auf die deontologisch-präferenztheoretischen Ansätze zu, ist aber hier weniger zentral.

11 Dilemmastrukturen nehmen in modernen Gesellschaften und in der Weltgesellschaft zu. Sie bedürfen der positiven Analyse und gegebenenfalls der Überwindung durch sanktionsbewehrte Regeln. Im Rechtsstaat z. B. gelingt es, das Defektieren durch Strafverfolgung unattraktiv zu machen. Der Wettbewerb bedarf einer Wettbewerbsordnung, sonst würden nur Kartelle entstehen – mit den Folgen, die wir im Sozialismus und nicht nur dort gesehen haben. Die Wettbewerbs*ordnung* ist so ein öffentliches Gut, bei dem das Defektieren unterbunden werden muß. Anders aber der Wettbewerbsprozeß gemäß dieser Ordnung: Wettbewerb bedeutet, daß eine Seite des Marktes systematisch ins Gefangenendilemma gesetzt wird, die Anbieter z. B., zum Wohl der anderen Marktseite, der Konsumenten. Erfolgreich sind moderne Gesellschaften also dann, wenn sie mit Dilemmastrukturen kon-

sitiven Fall ihren Geltungsgrund genau in der Erfüllung dieser Funktion. Ökonomische Institutionentheorie, Ökonomik überhaupt und damit positive Sozialwissenschaft sind daher konstitutiv für Normen*begründungen* und sogar für das Normenprinzip der Goldenen Regel. Die Gültigkeit von Normen hat so einen prekären Status und beruht auf empirischen Bedingungen. Denen entgeht man nicht durch noch so scharfsinnigen Nachweis performativer Selbstwidersprüche und auch nicht durch Wiedereinführung des Glaubens an Strafen im Jenseits, wie ein Kollege anderer geistiger Provenienz vorgeschlagen hat.[12]

Nach diesen – sehr knappen[13] – Ausführungen kann man erklä-

struktiv und selektiv umgehen. Vgl. zur Zunahme und differenzierten Beurteilung von Dilemmastrukturen Homann, Pies (1991) und Homann (1991).

12 Koslowski (1989), S. 357f.

13 Auf diesem Hintergrund werden Bedeutung und Funktion des homo oeconomicus deutlich. Auch wenn Ökonomen wie H. Giersch (1991) ihn normativ zum angemessenen Menschenbild der Marktwirtschaft hochstilisieren und andere als empirisch zutreffende Hypothese einstufen – der homo oeconomicus hat mit einem normativen oder positiven Menschenbild so gut wie nichts zu tun. Insofern ist alle Kritik an der empirischen Brauchbarkeit des Modells, ob sie von A. O. Hirschman oder A. Etzioni oder Psychologen kommt, verfehlt. Das Modell des homo oeconomicus ist die Sonde, mit der ein Ökonom die Existenz- und Funktionsfähigkeit von Institutionen untersucht. Da es in großen Gesellschaften immer einzelne ›erfolgreiche‹ Defektierer gibt, besteht das Grundproblem darin zu verhindern, daß das Defektieren allgemein Schule macht. Lebensweltlich gesprochen geht es daher nicht um das Agieren von Subjekten, sondern um das Re-Agieren: Wenn Defektieren systematisch ökonomische Vorteile bringt, dann Re-Agieren die Menschen als homines oeconomici, weil sie sich verständlicherweise und mit Recht durch die ›erfolgreiche‹ Defektion einzelner ausgebeutet vorkommen. Der homo oeconomicus-Test, kurz: H-O-Test, ist die Heuristik des Ökonomen, um die Existenz- und Funktionsfähigkeit von Institutionen zu überprüfen, und weil die klassische Ökonomik komparative Institutionenanalyse ist, hat der homo oeconomicus eine solche Karriere gemacht. Von hierher ist es unangemessen, der ökonomischen Theorie vorzuwerfen, sie bleibe bei einer bloß »strategischen Rationalität« stehen: Die Feststellung ist in gewissem Sinne richtig, die Beurteilung aber verkennt den Sinn der strategischen Rationalität des homo oeconomicus: Für das spezielle For-

ren, warum viele, besonders moralisch sensible Menschen die Moral in der modernen Wirtschaft und Gesellschaft nicht mehr zu finden glauben. Wenn Gefangenendilemma-Situationen erfolgreich überwunden werden – also z. B. im Rechtsstaat oder in einer Wettbewerbs*ordnung* –, dann ist für das konkrete Handeln Moral kein Thema. Manager, die z. B. den Schutz der Umwelt auf ihre Fahnen geschrieben haben, legen im Fall des ökonomischen Erfolgs größten Wert darauf, daß ihre Geschäftspolitik rein ökonomisch begründet ist; sie weisen die Unterstellung bzw. Zuschreibung moralischer Motivationen weit von sich. Wenn demgegenüber moralische Ideale oder Normen institutionell nicht stabilisiert werden können, gelten sie auch nicht. Das Resultat: Entweder gilt Moral nicht, oder sie ist als Motiv/Ziel überflüssig, da sie in den Restriktionen inkarniert oder zu einem Wettbewerbsvorteil geworden ist. Und wenn viele bei der Suche nach Moral in der modernen Wirtschaft dann auf den »ehrbaren Kaufmann«, auf »angemessene« statt maximaler Renditen sowie auf die Feststellung verfallen, daß Unternehmer/Manager faktisch auch von anderen Motiven geleitet werden als dem Gewinnmotiv, dann ist das alles empirisch richtig, aber es werden systematisch nachrangige Phänomene in bestimmten Nischen bemüht, die ich hier vernachlässige.

Eine Wirtschaftsethik, die nicht mindestens dieser Komplexität Rechnung trägt, unterbietet den Grad der Ausdifferenzierung der modernen Gesellschaft bzw. den Stand der Freiheit: Eine Moral, die nicht in die Gesellschaft und in deren Funktionsbedingungen »eingebildet« wird, muß sich Hegels Vorwurf vom »Atheismus der sittlichen Welt«[14] gefallen lassen. Moralische Intentionen können nicht *gegen* die moderne Wirtschaft realisiert werden, sondern nur *in* ihr und *durch* sie.

schungsprogramm der Ökonomik »kommunikative Rationalität« zu fordern, wäre absurd.

14 Hegel (1955), S. 7.

2. Binäre Codes, Teilsysteme und ökonomischer Imperialismus

N. Luhmanns im Rahmen der Systemtheorie entwickelte soziologische Theorie der Moral geht vom Prozeß der Ausdifferenzierung der Gesellschaft in Teilsysteme aus und hebt die Bedeutung der Semantik für diese Entwicklung hervor. Die Ausdifferenzierung verwendet binäre Codes als Schema für Beobachtungen; in der Wirtschaft sind das Haben – Nichthaben, Zahlung – Nichtzahlung, im Rechtssystem Recht – Unrecht usw. Über Codes heißt es, »daß, wenn sie in Operation gesetzt werden, die Tendenz besteht, entsprechende Systeme auszudifferenzieren«;[15] Teilsysteme entwickeln sich »gleichsam im Kielwasser der Differenzierung von Codes«.[16] Codes kanalisieren so die Resonanz von Systemen auf die Umwelt.

Die Moral arbeitet mit dem Code gut – schlecht/böse, Achtung – Mißachtung. Die Besonderheit des Codes der Moral besteht nun darin, daß er kein eigenes Teilsystem in der Gesellschaft ausbildet, daß Moral, bezogen auf die »Person«[17], vielmehr vor aller Konstituierung von Teilsystemen und ihren Codes steht. Da sie in den Teilsystemen so nicht adaptierbar ist, weil diese auf anderen Frequenzen senden und empfangen, kann sie die ausdifferenzierten Teilsysteme nur permanent stören. Moralische Intentionen können entweder gar nicht oder nur nach Umformung in den Code der jeweils anderen Systeme aufgenommen werden. Wie z. B. die Umwelt in der »Wirtschaft« nur vorkommen kann, wenn sie einen Preis hat, so die Moral nur, wenn sie im Code Zahlung – Nichtzahlung erscheint. Moral tritt daher durchweg auf in Form von »Irritation«, »Interpenetration« und »struktureller Kopplung«.[18]

Moral ist traditionell gebunden an die »Person«, jene Größe, die in der Systemtheorie zwischen dem psychischen System und dem sozialen System in Form der »strukturellen Kopplung« vermittelt. Systeme können aufeinander wirken – »Interpenetration« –, sie können sich in Koevolution entwickeln, aber die jeweilige Fort-

15 Luhmann (1988), S. 87. 16 Ebd., S. 94. 17 Vgl. Luhmann (1991).
18 Vgl. Luhmann (1984); (1980-1989), insbesondere Bd. 3, S. 358-447 (Ethik als Reflexionstheorie der Moral), (1990).

setzung der Autopoiesis der Systeme geschieht ausschließlich nach Maßgabe des je eigenen Codes und der je eigenen Programme. Es gibt keine Supertheorie, keine Einheit, die die verschiedenen Codes integrieren würde.

Der Sinn dieser systemtheoretischen Komposition scheint mir darin zu liegen, daß eine weitere evolutionäre Ausdifferenzierung nicht behindert werden soll. Deswegen nehmen Offenheit für Einflüsse aus der Umwelt und die autopoietische Verarbeitung dieser Einflüsse allein im eigenen Code (Geschlossenheit) diese zentrale Stellung ein.

Moral bezieht sich traditionell auf den ganzen Menschen bzw. auf die »Person«, dem bzw. der andere Menschen bzw. Personen mit »Achtung« – oder »Mißachtung« – begegnen. Durch Moral kann eine *soziale Ordnung* nur hergestellt und garantiert werden, wenn in die Bedingungen für wechselseitige Achtung zugleich »Erfordernisse des sozialen Zusammenlebens aufgenommen werden können«.[19] Moral muß daher, wenn im Zuge der funktionalen Ausdifferenzierung von Gesellschaften Politik, Wirtschaft und Recht eigene Codes und eigene autopoietische Teilsysteme entwickeln, Funktionen abgeben. Es treten in Teilbereichen *funktionale Äquivalente* ein. Seit dem 18. Jahrhundert stört Moral daher zunehmend diese Teilsysteme. Es scheint, daß Moral nur noch im sozialen Nahbereich[20] – oder in den Nischen der Teilsysteme – eine gewisse Bedeutung hat, nicht aber mehr für die Gesellschaft und ihre Teilsysteme, also insbesondere nicht mehr für Politik, Recht und Wirtschaft. Vordringliche Aufgabe der Ethik wird es dann, vor der Moral zu warnen.[21] Moral droht, den Entwicklungsstand der modernen hochkomplexen Gesellschaften zu unterbieten.

Was ich hier sehr holzschnittartig skizziert habe, ist erklärtermaßen eine soziologische Theorie der Moral. Sie untersucht, wie der Code »Achtung – Mißachtung« oder »gut – schlecht« für die Steuerung der Gesellschaft zunehmend abgelöst wird. Im Unterschied dazu ist Wirtschaftsethik als Ethik zu konzipieren: Ihr geht es darum, »Prinzipien richtigen Handelns festzustellen oder wenigstens moralische Regeln für viele Fälle zu generalisieren oder,

19 Luhmann (1984), S. 320.

20 Luhmann (1980-1989), Bd. 3, S. 407 ff.

21 Diese Formulierung kommt öfter vor, auch z. B. Luhmann (1990 a), S. 41.

wie heute wohl überwiegend, zumindest Verfahren dafür zu entwickeln«. Diese sind »als Expertenbemühungen in ihrem Gegenstandsbereich«[22] auch für die soziologische Theorie nicht von vornherein illegitim, sie liegen aber auf einer anderen Ebene. Für die Wirtschaftsethik kann die Moral nicht auf individuelle Tugend reduziert werden, es geht ihr vielmehr darum, moralische Intentionen unter den Bedingungen der modernen Wirtschaft zur Geltung zu bringen.[23]

Um die klassische Frage des richtigen Handelns bearbeiten zu können, greift die hier vertretene Konzeption von Wirtschaftsethik auf eine Forschungsrichtung der modernen Ökonomik zurück, die unter der Bezeichnung »ökonomischer Imperialismus« läuft. Dieser Ansatz unterwirft seiner ökonomischen Methode zahlreiche Gegenstandsbereiche, die vormals mehr oder weniger exklusiv von anderen Wissenschaften bearbeitet wurden wie eine Schrebergartenkolonie von verschiedenen Schrebergärtnern. Dieses Vorgehen ähnelt durchaus den binären Codes von Luhmanns Konzeption, denn für den ökonomischen Imperialismus gilt, was er von Codes sagt: »Codes sind Totalkonstruktionen, sie sind Weltkonstruktionen mit Universalitätsanspruch und ohne ontologische Begrenzung.«[24]

Das Ergebnis sind diverse »ökonomische Theorien« – der Verfassung, des Rechts, der Demokratie, der Institutionen, der Kriminalität, des generativen Verhaltens, des Heiratens, der Sucht etc.[25] Und der Moral! Das Forschungsprogramm rekonstruiert gelun-

22 Luhmann (1984), S. 322.

23 Manchmal hat man den Eindruck, daß Luhmann den Begriff »Moral« so eng an die »Person« bzw. an die individuelle Tugend bindet, daß das Geltendmachen moralischer Intentionen durch institutionelle oder rechtliche Regelungen nicht mehr unter diesen Begriff »Moral« fällt; so könnte es den Anschein haben, als ob es sich lediglich um einen Streit um Worte handelt. Ich interpretiere im Text indes so, daß Luhmann von einer soziologischen Theorie der (Steuerung durch) Moral her denkt, während es der Wirtschaftsethik, wie ich sie vertrete, darum geht, die Intentionen, die traditionell unter dem Stichwort »Moral« verfolgt werden, unter den veränderten Bedingungen der modernen Wirtschaft und Gesellschaft zur Geltung zu bringen.

24 Luhmann (1988), S. 78 f.; Hervorhebungen getilgt.

25 Grundlegend Becker (1982); zur Bedeutung des Beckerschen Ansatzes für die Wirtschaftsethik, allgemeiner: für die normative Institutionentheorie, vgl. Pies (1993), insbesondere Kapitel 3.

gene Problemlösungen in all diesen Gegenstandsbereichen als i. w. S. ökonomisch effiziente ›Entscheidungen‹. Der systematische Grund liegt darin, daß ausnahmslos alles menschliche Handeln/Verhalten unter Bedingungen der Knappheit steht, und für das Problem der Knappheit und der Bewältigung der Knappheitsfolgen, also für Beschränkungen des Handelns gleich welcher Art, ist die Ökonomik ›zuständig‹. – Dazu noch einige Erläuterungen, gegliedert nach Erklärung und Gestaltung.

Das ökonomische *Erklärungs*programm verfährt nach dem Schema: Akteure maximieren ihren erwarteten Nutzen unter Nebenbedingungen.[26] Davon werden die individuellen Akteure als Handlungseinheit, die Maximierungs- bzw. Rationalitätsannahme und die Präferenzen methodisch als fix angenommen bzw. angesetzt. Zur Erklärung von Verhaltensänderungen bleibt nur eine Klasse von Variablen übrig: die Nebenbedingungen, die Restriktionen. Eine Verschärfung der Restriktionen wird von den als homines oeconomici modellierten Akteuren als Kostenerhöhung erfahren. Der ökonomische Ansatz erklärt Verhaltensänderungen also nicht aus Präferenzenänderungen oder Irrationalitäten, sondern allein aus Änderungen der Restriktionen, die als Kostenänderungen erfahren werden, an die sich die Akteure anpassen, und diese sind in den relevanten Fällen wesentlich durch die gesellschaftlichen Institutionen bestimmt. Ökonomischer Imperialismus ist also ein Forschungsprogramm zur systematischen Suche nach (besseren) Kostenspezifizierungen.

Ganz analog verfährt das Programm der *Gestaltung* der Gesellschaft, auch wenn manche Protagonisten des ökonomischen Imperialismus Gestaltung nicht als ihr Ziel verstehen.[27] Gestaltung erfolgt durch Änderung der institutionellen Arrangements, die zu Kostenänderungen führen, die wiederum über die Anreize das Handeln der Akteure in die gewünschte Richtung lenken. Die Akteure erscheinen hier als Marionetten an den Fäden der Gesellschaftsstruktur, die im Prinzip entsprechend gestaltet werden kann. Dies ist jedoch nur ein methodischer Zugriff zwecks Generierung von Aussagen, keine Behauptung von irgendwelcher Determiniertheit; insofern sind alle Determinismus-Vorwürfe, die

26 Vgl. dazu im einzelnen Homann, Suchanek (1989).

27 So weist z. B. Becker selbst das Ansinnen, Vorschläge zur Gestaltung der Gesellschaft zu machen, zurück. Kritisch dazu Pies (1993).

vor allem von Nicht-Ökonomen gegen die Ökonomik erhoben werden, verfehlt.
Die soziologische Theorie der Moral denkt von den Teilsystemen her, während der ökonomische Imperialismus diese Einschränkung der Ökonomik auf »die Wirtschaft« gerade – erfolgreich – aufzubrechen versucht. Die moderne Ökonomik verläßt ihren Status als »Wirtschaftswissenschaft« und wird zu einer allgemeinen Theorie menschlichen Verhaltens. Dies hat Folgen. Geld spielt in der Wirtschaft eine zentrale Rolle, systematisch gesehen aber nicht in der Ökonomik; Quantifizierung in Geldgrößen ist nur ein sehr beschränkt einsetzbarer Hilfsmaßstab. Kosten haben systematisch nichts mit Geld zu tun, Kosten sind ›sachlich‹ zu messen, in Form des Verzichts auf eine andere Alternative bei der Wahl der präferierten Alternative. Daraus folgt, daß Moral und Umwelt in Form von psychischen Kosten, sozialen Kosten u. ä. in die Kalkulationen der Ökonomik eingehen und institutionell gestaltet werden (können und sollen). Das bedeutet, daß die Akteure, von deren Mitvollzug gesellschaftliche Kooperation und Kommunikation abhängen, immer dann, wenn sie nicht auf ihre Kosten kommen, als homines oeconomici destruktiv re-agieren können: Sie beenden Kommunikationen. Die explizite oder implizite Akzeptanz von Institutionen und Kommunikationen durch die »Person« und die psychischen Systeme sind für Gesellschaften und ihre Teilsysteme unverzichtbar. Auf diese Weise kommt die Rückbindung der Teilsysteme in den Blick, was traditionell unter Begriffen wie »Zustimmungsfähigkeit« oder »Legitimation« verhandelt wird. Wirtschaftsethik ist ein normatives Forschungsprogramm mit starken positiven Implikationen. J. M. Buchanan und D. Gauthier mögen hier als Protagonisten gelten.[28]
Der besondere Vorzug des imperialistischen Ansatzes der Ökonomik für die Wirtschaftsethik liegt darin, daß er aufgrund der ›Grenzüberschreitungen‹ permanent, weil systematisch, gezwungen ist, interdisziplinär zu diskutieren, von einem Code in den anderen zu übersetzen. Dafür werden die ökonomischen Kategorien aus ihrer Fixierung auf i. e. S. ›wirtschaftliche‹ Größen befreit. Dieser Übersetzungsprozeß wird nicht nur durch besonderen Problemdruck bloß punktuell veranlaßt, vielmehr findet »Inter-

28 Buchanan (1984); Gauthier (1986). Mit Abstrichen kann man hierzu zählen auch Rawls (1979).

penetration« auf der Theorieebene systematisch statt. Damit wird auf breiter Front die klassische Konzeption eingelöst, nach der die Ökonomik die Fortsetzung der Ethik unter Bedingungen der modernen Wirtschaft und Gesellschaft darstellt.[29] Wirtschaftsethik muß als Ethik dafür eine langfristige und eine auf die Allgemeinheit bezogene Perspektive einnehmen.
Sofern es der soziologischen Theorie der Moral darum geht, Moral bzw. deren inhaltliche Intentionen davor zu bewahren, den Stand der Ausdifferenzierung zu unterbieten und Mindestbedingungen für die weitere Evolution der Gesellschaft zu formulieren, besteht Übereinstimmung mit imperialistischen Ansätzen der Ökonomik, zumal wenn letztere einräumen, daß die Frage nach Knappheit, nach Beschränkungen und dem rationalen Umgang mit Beschränkungen nicht die einzig sinnvolle Frage der Gesellschaftstheorie ist. Die Differenz scheint darin zu liegen, daß die Wirtschaftsethik programmatisch an der Gestaltungsabsicht festhält und sich – deswegen – von der Beschränkung auf das Subsystem »Wirtschaft« gelöst hat.

3. Die Funktion der Moral in der Wirtschaft

An den Anfang stelle ich die folgende These: Moral ist – wie Religion, Kunst und Literatur – unverzichtbar, um die Fortschritts- oder Evolutionsfähigkeit der Gesellschaft zu erhalten und zu steigern. – In der folgenden Erläuterung dieser These werde ich bewußt wieder auf eine Erörterung der Rolle der Moral in irgendwelchen ›Nischen‹ verzichten, um allein das Paradigma herauszuarbeiten.
Es geht der hier entwickelten Konzeption von Wirtschaftsethik erklärtermaßen darum, die Evolutions- bzw. Fortschrittsfähigkeit der Gesellschaft zu erhalten und zu entwickeln. Ethik macht in diesem Prozeß einen Unterschied, nämlich zwischen möglichen Entwicklungen und gewollten bzw. gesollten Entwicklungen. Sie leistet eine Vorselektion, indem sie bestimmte mögliche Entwicklungen ausschließt, sie in die Potentialität versetzt, die dann bei der Gestaltung nicht weiter in Betracht gezogen werden. Sie erzeugt damit eine größere Bestimmtheit. Es ist eine Folge der Ge-

29 Vgl. ausführlicher dazu Homann (1991).

staltungsabsicht, ein Ausdruck der pragmatischen Dimension, das – vorläufige, hypothetische – Schließen von Möglichkeiten vorzunehmen und möglichst rational zu gestalten.
Genau ein solches Vorselektionsprinzip scheinen alle evolutionären Theorien abzulehnen, weil dadurch die Evolution nicht offen gehalten, sondern in bestimmter Weise geschlossen wird: An vielfältigen Vorbehalten gegen Moral und Ethik bei G. W. F. Hegel, F. A. von Hayek und N. Luhmann ließe sich dies m. E. im einzelnen zeigen.
Diese Sorge ist keineswegs unbegründet: Zu oft hat Moral gesellschaftliche Entwicklungen blockiert; hinzu kommt, daß Moral gesellschaftliche Konflikte oft verschärft hat. Allerdings glaube ich, daß man diesen Gefahren durch einen differenzierten Umgang mit Moral, mit moralischen Maximen und Prinzipien, begegnen kann. Das Verhältnis von Rechtsphilosophie und Geschichtsphilosophie bei Hegel gibt uns einen Hinweis:[30] Rechtsphilosophie als Theorie der Gestaltung der Gesellschaft ruht auf der Geschichtsphilosophie und geht am Ende wieder in sie über; damit wird die Gestaltungstheorie systematisch auf die Evolutionstheorie verpflichtet, *ohne daß letztere die Gestaltungstheorie ersetzen könnte*. Wenn es um konkrete Gestaltungsfragen geht – Entwicklung der neuen Bundesländer, des ehemaligen Ostblocks, der Dritten Welt z. B. –, ist der einfache Hinweis auf die Evolution als Ausweichen vor diesen – durchaus legitimen – Fragen zu qualifizieren. Es ist methodisch bedingt, wenn die Evolutionstheorie die Entwicklung so, wie sie ist (Explanandum), als ›notwendiges‹ Resultat bestimmter anderer Faktoren unterstellt; dies schließt aber nicht aus, daß Ethik als Gestaltungstheorie die Entwicklung anders, nämlich als gestaltbar betrachtet.[31]
Die durch Moral und Ethik angezielte rationale Schließung kann dann – und nur dann – die Evolution forcieren, wenn diese Schließung als kontingent und damit hypothetisch bewußt bleibt, wenn diese Schließung also als revisionsfähig und -bedürftig ausgestaltet wird. Moralische Normen sind *nicht schlechthin verbindlich*, sie sind unter Bedingungen von Dilemmastrukturen und doppelter Kontingenz durch institutionelle Arrangements *verbindlich gemacht*.[32] Sie müssen von systematischer Reflexion auf ihren Sinn

30 Vgl. dazu Hegel (1955), in Verbindung mit Hegel (1963) und (1968).
31 Vgl. dazu Pies (1993), Abschnitte 3.1.4 und 3.3.

und ihre Funktion begleitet sein, wodurch sie an die Evolution gekoppelt sind. Dies ist nicht ungewöhnlich: Wohl keine konkrete Norm in der Geschichte hat die evolutionäre Entwicklung ohne Veränderungen überstanden, und dies, ohne daß die Befürchtung vieler Moraltheoretiker eingetreten wäre, Moral würde sich durch eine Funktionsbetrachtung in Unverbindlichkeit des Verhaltens auflösen. Eine saubere Unterscheidung der Funktionsdiskussion der Moral, die Moral als kontingent und disponibel ansetzen muß, und der Binnensicht des Handelnden, dem Moral quasi deontologisch erscheinen muß, kann dieses Problem durchaus lösen.

Die Bestimmung der Funktion der Moral in der modernen Wirtschaft und Gesellschaft setzt man am besten bei dem an, was in der soziologischen Theorie »Irritation« und »Interpenetration« heißt. In anderer Sprache gesagt: Moral enthält ein dauerhaft kritisches Potential gegenüber der modernen Gesellschaft, und diese moderne Gesellschaft ist auf systematische Infragestellung zwecks weiterer evolutionärer Entwicklung angewiesen. Moral, moralische Normen, aber auch das moralische Bewußtsein im engeren Sinne stellen so eine Herausforderung für »die Wirtschaft« dar, die sie zu ihrer eigenen weiteren Ausdifferenzierung, also zur Entwicklung braucht. In sechs Punkten will ich die Rolle der Moral und die Bedingungen, diese Rolle zu übernehmen, zusammenfassen.

1. Moral muß auf den Code der Wirtschaft umformuliert bzw. in ihn übersetzt werden. Der ökonomische Imperialismus trägt dem Rechnung, indem er systematisch an der Integration anderer Theoriekomplexe arbeitet.

2. Moral bleibt für die Teilsysteme eine Herausforderung. Während eine Wirtschaftsethik im Horizont des ökonomischen Imperialismus diese Widerständigkeit als langfristig funktional einschätzt und zu erhalten sucht, schätzt die soziologische Theorie

32 Hierin ist der Grund dafür zu sehen, daß moralische Normen nur dann Gültigkeit haben, wenn ihre Implementierung angesichts von Dilemmastrukturen garantiert werden kann. Es geht also darum, daß eine Ethik als Theorie der Moral die Binnenperspektive – also alle Kantischen Ansätze – und die Außenperspektive bzw. die funktionale Perspektive – Luhmann – zugleich umfassen muß. Allerdings müssen beide Perspektiven sauber voneinander unterschieden werden. Vgl. dazu noch die kurzen Hinweise bei Hegselmann (1990), insbesondere S. 169.

das Störpotential eher als dysfunktional ein und prognostiziert daher weitere Funktionsverluste der Moral.
3. Moral kann nicht in einem dogmatisierten Kanon von Normen bestehen. Man braucht eine heuristische Unterscheidung zwischen einem »Kern« und dessen kontingenten Konkretionen wie »Maximen« und »Normen«. Nur so bleibt Moral unter wechselnden Bedingungen resonanzfähig, nur so können Verfestigungen wieder für Zukunft geöffnet werden.
4. Konkretisierungen, die sich als Sackgasse herausstellen, können dadurch revidiert werden, daß auf die Leitidee – möglicherweise in neuer Interpretation – zurückgegangen und Verständnis sowie Gestaltung der Gesellschaft von hierher neu geordnet werden. Der Prozeß der moralischen Einstellung zu und ethischen Beurteilung von Markt und Wettbewerb beschäftigt uns schon einige Jahrhunderte[33] und ist heute noch nicht abgeschlossen. Ohne Rückgang auf die Leitidee »Solidarität« wird es keine Neueinschätzung geben können. Beide großen Kirchen z. B. haben sich in diesem Punkt schwer getan, sie haben 1991 dafür entscheidende neue Überlegungen und Neueinschätzungen vorgelegt.[34]
5. Die Bindung der Moral an Individuen bzw. an Personen ist in diesem Aufriß durchaus funktional. Dies gilt sowohl hinsichtlich der Vorbilder wie hinsichtlich derer, die der Moral unterworfen sind. Moral war traditionell nur wenig von konkreten Normen, stärker über ihr »Prinzip«, vor allem aber zentral immer von Personen bestimmt: Sokrates, Jesus, Buddha etc. Hier ist der systematische Ort auch der Tugendethik einschließlich der sogenannten supererogatorischen Tugenden zu sehen, auch der Ort der Pädagogik, aber auch der Ort gelebter Moralgemeinschaften und der Ort von »Helden und Heiligen«.
6. Zur Moral gehörte neben der Funktionsdiskussion immer auch eine Ethik aus der Binnensicht derer, die moralisch handeln (sollen). Es ist für die Evolution der Gesellschaft funktional, wenn diese Binnensichtethik nicht ohne Rest auf die Funktionsdiskussion reduziert werden kann. Moraltheorien dieses Typs sind beispielsweise die Ethiken vom Kantischen Typ einschließlich der Diskursethik. Sie sind unverzichtbar, weil sie das dauerhaft kritische Potential der Moral stärken.

33 Vgl. dazu immer noch Hirschman (1984 a).
34 Vgl. Johannes Paul II. (1991); Kirchenamt der EKD (Hg., 1991).

An anderer Stelle habe ich das Verhältnis von Ethik und Ökonomik als wechselseitige Heuristik und Restriktionenanalyse rekonstruiert.[35] Die Suche nach Neuentwicklungen – Heuristik – muß an den erreichten Stand der Evolution ›anschlußfähig‹ sein – Restriktionenanalyse –, wie umgekehrt Möglichkeiten, die im Prozeß der Ausdifferenzierung neu entstehen, über die »Personen« an die psychischen Systeme und ihr moralisches Selbstverständnis rückgekoppelt sein müssen, damit Evolution stattfinden kann. Moral kann eine bedeutende Rolle spielen, aber nur dann, wenn sie dies vorsichtig tut: Eine Re-Moralisierung der Wirtschaft verbietet sich. Moralische Ideen sind in positiver Analyse abzuarbeiten. Dies ist mit der »Positivierung von Normativität« gemeint. Man kann mit Hilfe der Wirtschaftsethik suchen, wie man die Bedingungen des Handelns so gestaltet, daß sich die Befolgung von moralischen Normen und Idealen als vorteilhaft herausstellt; so wird moralische Motivation gestärkt und gestützt, teils auch ersetzt, ohne daß ihre Substanz verloren ginge.

Was das heißt, mögen abschließend einige Hinweise erläutern.[36] Jene oben angeführten erfolgreichen Umweltmanager, die im Erfolgsfall moralische Motivationen weit von sich weisen, geben in der Regel zu, daß am Beginn ihres Nachdenkens – in meiner Sprache: als Heuristik – moralische Betroffenheit stand. Die Einführung von Sozialpolitik im späten 19. Jahrhundert hatte sicherlich moralische Motivationen. Aber Bismarck hatte bei der Einführung der Sozialversicherung zumindest auch politische Kalküle im Sinn; Gleiches trifft für die sozial engagierten Unternehmer zu, die durchaus i. e. S. ökonomische Ziele verfolgten. Heute ist eine gute Sozialpolitik ein Produktionsfaktor ersten Ranges geworden, wie ein Vergleich zwischen Deutschland und den USA unschwer zeigen könnte. Für politische Demokratie, Mitbestimmung, Schutz der Umwelt gilt das gleiche Muster. Und wenn heute Unternehmen trotz Wettbewerb sich in moralischen bzw. ethischen Aktivitäten engagieren, assistiert von business ethics und Ethikvermittlung[37], dann reagieren sie sehr ökonomisch auf die

35 Homann (1991 a).

36 Die folgenden Ausführungen sind lediglich als Illustration zu betrachten; eine argumentative Begründung müßte selbstverständlich anders vorgehen.

37 Vgl. dazu insbesondere Dahm (1989); hier auch weitere umfangreiche Literatur.

Defizite der Ordnungspolitik und sorgen selbst für ihre gesellschaftliche Akzeptanz.[38]

Bei der Schuldenkrise in der Dritten Welt ist es demgegenüber bisher nicht gelungen, die Bedingungen so zu gestalten, daß ein moralisch geforderter Schuldenerlaß sich auch ökonomisch allgemein vorteilhaft gestaltet. Dabei ist alles im Prinzip sehr einfach: Der Wohlstand der Industrienationen steigt, wenn es mehr Möglichkeiten zum Austausch mit hoch entwickelten Ländern gibt. Die langfristig vorteilhafte Strategie wäre die Vermehrung der Zahl hoch entwickelter Länder, also die Entwicklung der unterentwickelten Länder: Die Vorteile würden die Aufwendungen aus einem Schuldenerlaß weit übersteigen. Eine solche Strategie wäre nicht als »Teilen«, sondern als »Investieren« zu betrachten. Wie diese allgemein vorteilhafte Strategie trotz diverser Dilemmastrukturen implementiert werden kann, muß allerdings in positiver Analyse abgearbeitet werden; bei dieser Frage Moral direkt und unmittelbar einsetzen zu wollen, zeugt nur von Hilflosigkeit.

Mit dem Zusammenbruch des Sozialismus ist eine unterkomplexe, vormoderne Konzeption untergegangen, auf die viele Moralisten ihre Hoffnung gesetzt hatten. Die Konsequenz für die Wirtschaftsethik kann nur lauten, die Diskussion schleunigst aus dieser schiefen Frontstellung des Kalten Krieges zu befreien, um eine theoretische Konzeption zu entwickeln, die an den Stand der gesellschaftlichen und wissenschaftlichen Entwicklung anschlußfähig und in der Lage ist, die Probleme der Zukunft anzugehen.

Literatur

Apel, Karl-Otto (1981): Transformation der Philosophie, 2 Bde., 2. Aufl., Frankfurt am Main.

– (1984): Das Problem einer philosophischen Theorie der Rationalitätstypen, in: Herbert Schnädelbach (Hg.): Rationalität. Philosophische Beiträge, Frankfurt am Main, S. 15-31.

– (1988): Diskursethik als Verantwortungsethik und das Problem der ökonomischen Rationalität, in: Karl-Otto Apel: Diskurs und Verantwortung. Das Problem des Übergangs zur postkonventionellen Moral, Frankfurt am Main, S. 270-305.

38 Vgl. Homann (1991 b), S. 110 ff.

Axelrod, Robert (1984/1987): Die Evolution der Kooperation, übersetzt und mit einem Nachwort von Werner Raub und Thomas Voss, München.
Becker, Gary S. (1982): Der ökonomische Ansatz zur Erklärung menschlichen Verhaltens, übersetzt von Monika und Viktor Vanberg, Tübingen.
Buchanan, James M. (1984): Die Grenzen der Freiheit. Zwischen Anarchie und Leviathan, Tübingen.
Dahm, Karl-Wilhelm (1989): Unternehmensbezogene Ethikvermittlung. Literaturbericht: Zur neueren Entwicklung der Wirtschaftsethik, in: Zeitschrift für Evangelische Ethik 33, S. 121-147.
Etzioni, Amitai (1989): Toward Deontological Social Sciences, in: Philosophy of the Social Sciences 19, S. 145-156.
Gauthier, David (1986): Morals by Agreement, Oxford.
Giersch, Herbert (1991): Die Moral der offenen Märkte, in: Frankfurter Allgemeine Zeitung Nr. 64, 16. März 1991, S. 13.
Habermas, Jürgen (1981): Theorie des kommunikativen Handelns, 2 Bde., Frankfurt am Main.
– (1983): Moralbewußtsein und kommunikatives Handeln, Frankfurt am Main.
– (1984): Vorstudien und Ergänzungen zur Theorie des kommunikativen Handelns, Frankfurt am Main.
– (1990): Strukturwandel der Öffentlichkeit. Untersuchungen zu einer Kategorie der bürgerlichen Gesellschaft. Mit einem Vorwort zur Neuauflage, Frankfurt am Main.
– (1991): Erläuterungen zur Diskursethik, Frankfurt am Main.
Hardin, Garrett (1968): The Tragedy of the Commons. The population problem has no technical solution; it requires a fundamental extension in morality, in: Science 162, S. 1243-1248.
Hegel, Georg Wilhelm Friedrich (1955): Grundlinien der Philosophie des Rechts. Mit Hegels eigenhändigen Randbemerkungen in seinem Handexemplar der Rechtsphilosophie hg. von Johannes Hoffmeister, 4. Aufl., Hamburg.
– (1963): Die Vernunft in der Geschichte, hg. von Johannes Hoffmeister, 5., verb., Aufl., Hamburg.
– (1968): Vorlesungen über die Philosophie der Weltgeschichte, 2. Hälfte, Bde. II-IV, hg. von Georg Lasson, unveränderter Nachdruck der 2. Aufl. von 1923, Hamburg.
Hegselmann, Rainer (1990): Schwierigkeiten der moralischen Aufklärung, in: Analyse & Kritik 12, S. 162-173.
Hirschman, Albert O. (1984): Against Parsimony: Three Easy Ways of Complicating Some Categories of Economic Discourse, in: The American Economic Review, Papers and Proceedings 74, S. 89-96.
– (1984 a): Leidenschaften und Interessen. Politische Begründungen des Kapitalismus vor seinem Sieg, übersetzt von Sabine Offe, 2. Aufl., Frankfurt am Main.

Homann, Karl (1990): Wettbewerb und Moral, in: Jahrbuch für Christliche Sozialwissenschaften 31, S. 34-56.
– (1991): Marktwirtschaft und Unternehmensethik. Vortrag vom 13. Dezember 1991 im Forum für Philosophie Bad Homburg.
– (1991 a): Ökonomik und Ethik, in: Günter Baadte, Anton Rauscher (Hg.): Wirtschaft und Ethik. Kirche heute Bd. 5, Graz, Wien, Köln, S. 9-29.
– (1991 b): Der Sinn der Unternehmensethik in der Marktwirtschaft, in: Hans Corsten, Leo Schuster, Bernd Stauss (Hg.): Die soziale Dimension der Unternehmung. Festschrift für Eduard Gaugler, Berlin, S. 97-118.
Homann, Karl, Franz Blome-Drees (1992). Wirtschafts- und Unternehmensethik, Göttingen.
Homann, Karl, Ingo Pies (1991): Gefangenendilemma und Wirtschaftsethik, in: Wirtschaftswissenschaftliches Studium 20, S. 608-614.
Homann, Karl, Andreas Suchanek (1989): Methodologische Überlegungen zum ökonomischen Imperialismus, in: Analyse & Kritik 11, S. 70-93.
Hoppmann, Erich (1990): Moral und Marktsystem, in: Ordo 41, S. 3-26.
Johannes Paul II. (1991): Enzyklika »Centesimus annus«.
Jonas, Hans (1985): Das Prinzip Verantwortung. Versuch einer Ethik für die technologische Zivilisation, Frankfurt am Main.
Kirchenamt der EKD (Hg., 1991): Gemeinwohl und Eigennutz. Wirtschaftliches Handeln in Verantwortung für die Zukunft. Eine Denkschrift, Gütersloh.
Kohlberg, Lawrence (1981): Essays on Moral Development, Volume I: The Philosophy of Moral Development. Moral Stages and the Idea of Justice, San Francisco u. a.
Koslowski, Peter (1989): Grundlinien der Wirtschaftsethik, in: Zeitschrift für Wirtschafts- und Sozialwissenschaften 109, S. 345-383.
Krings, Hermann (1991): Norm und Praxis. Zum Problem der Vermittlung moralischer Gebote, in: Herder Korrespondenz 45, S. 228-233.
Locher, Klaus (1991): Struktur und Erscheinungsformen des Gefangenen-Dilemmas; Auswege aus Gefangenen-Dilemma-Situationen, in: Wirtschaftswissenschaftliches Studium 20, S. 19-24 und 60-64.
Luhmann, Niklas (1980-1989): Gesellschaftsstruktur und Semantik. Studien zur Wissenssoziologie der modernen Gesellschaft, 3 Bde., Frankfurt am Main.
– (1984): Soziale Systeme. Grundriß einer allgemeinen Theorie, Frankfurt am Main.
– (1988): Ökologische Kommunikation. Kann die moderne Gesellschaft sich auf ökologische Gefährdungen einstellen?, 2. Aufl., Opladen.
– (1990): Die Wissenschaft der Gesellschaft, Frankfurt am Main.
– (1990 a): Paradigm lost: Über die ethische Reflexion der Moral. Rede

anläßlich der Verleihung des Hegel-Preises 1989, Frankfurt am Main, S. 7-48.
– (1991): Die Form »Person«, in: Soziale Welt, S. 166-175.
Pies, Ingo (1993): Normative Institutionenökonomik. Zur Rationalisierung des politischen Liberalismus, Tübingen.
Rawls, John (1979): Eine Theorie der Gerechtigkeit, übersetzt von Hermann Vetter, Frankfurt am Main.
Schumpeter, Joseph A. (1972): Kapitalismus, Sozialismus und Demokratie. Einleitung von Edgar Salin, 3. Aufl., München.
Sen, Amartya (1977): Rational Fools: A Critique of the Behavioral Foundations of Economic Theory, in: Philosophy and Public Affairs 6, S. 317-344.
Smith, Adam (1776/1978): Der Wohlstand der Nationen. Eine Untersuchung seiner Natur und seiner Ursachen, übersetzt und mit einer umfassenden Würdigung des Gesamtwerkes von Horst Claus Recktenwald, rev. Fassung, München.

Peter Ulrich und Ulrich Thielemann

Wie denken Manager über Markt und Moral?

Empirische Untersuchungen unternehmensethischer Denkmuster im Vergleich

1. Worin besteht das unternehmensethische Grundproblem?

»Are managers ethical or not?« (Posner/Schmidt 1987: 383) oder maßvoller: »How ethical are businessmen?« (Baumhart 1961) – diese Leitfrage bildet explizit oder implizit den Ausgangspunkt der meisten empirischen Untersuchungen zur »Moral der Manager« in der Wirtschaft.[1] Wir argumentieren im folgenden dafür, daß diese übliche Fragestellung sich nicht als Ausgangspunkt für das Verständnis der moralischen Bewußtseinsstrukturen von Führungskräften der Wirtschaft eignet, da sie das spezifisch unternehmensethische Grundproblem, vor das sich Manager gestellt sehen, schon im Ansatz gleich in doppelter Weise verfehlt:
Zum ersten erliegen die erwähnten früheren Studien einer *konventionalistischen Verkürzung* ihres allgemeinen moraltheoretischen Forschungsansatzes, da nach dem (quantitativen) *Maß* statt nach der (qualitativen) *Form* des Moralbewußtseins von Managern gefragt wird. Die meisten Studien zur Moral des Managements scheinen davon auszugehen, daß es einen festen Kanon von Normen und Vorschriften gibt, dem jeder zu folgen hat. Daher sprechen sie von einem »high level of ethical ideas« oder von »high ethics« (Baumhart 1961: 12, 19) im Sinne der Bereitschaft, diesen

1 Diese Fragestellung von Baumhart nehmen auch die Folgestudien von Brenner/Molander (1977) und von Becker/Fritzsche (1987) auf. Ebenso wie diese US-amerikanischen Studien geht auch die deutsche Studie von Kaufmann/Kerber/Zulehner (1986) von einer personalethischen Fragestellung aus und kommt daher im wesentlichen zu den gleichen Schlüssen (Opportunismus- bzw. Zynismusthese), die wir im 4. Abschnitt problematisieren wollen.

Normen tatsächlich zu folgen. Sie erkennen nicht, daß konkrete, situationsbezogen anwendbare Normen – im Sinne der Unterscheidung Kohlbergs (1981: 152ff.) von konventioneller und postkonventioneller Moral – *stets* konventioneller Natur sind. Normen stehen auf der Stufe eines postkonventionellen Moralbewußtseins nämlich unter hypothetischem Vorbehalt. Und so werden normative Fragen ja auch in einer modernen, pluralistischen Gesellschaft dementsprechend kontrovers diskutiert.
Soll das zu erforschende, möglicherweise postkonventionelle (d.h. gegenüber geltenden Konventionen kritische) Moralbewußtsein von Führungskräften nicht schon im Ansatz unterboten werden, reicht es also nicht aus, allein nach der Zustimmung oder Ablehnung zu konkreten moralischen Standards oder Wertvorstellungen zu fragen, die der Forscher selbst vorgibt. Statt dessen geht es um das Erkennen und Verstehen der *formalen Prinzipien* oder des *moral point of view*, von dem aus der Befragte argumentiert und konkrete Normen als legitim anerkennt oder als illegitim verwirft. Diese Problemstellung erfordert einen interpretativen (hermeneutischen) Forschungsansatz sowie die Bereitschaft des Forschers, sich ernsthaft auf die ethische Argumentation seiner Gesprächspartner einzulassen. Der Moralforscher darf sich dabei nicht a priori eine überlegene Einsicht in den allein »richtigen« unternehmensethischen Standpunkt oder die exklusive Kompetenz zur Definition eines »hohen unternehmensethischen Niveaus« anmaßen; vielmehr hat er prinzipiell von der gleichberechtigten moralischen Kompetenz und daher auch vom »guten Willen« der Befragten auszugehen. Auf postkonventionellem Niveau kann sich ein vermeintlicher Mangel an »gutem Willen« als Unverständnis gegenüber dem spezifischen Legitimations*anspruch* eines Befragten herausstellen. Die Annahme moralischer Kompetenz und moralischen Willens ist also eine forschungsmethodisch notwendige Unterstellung, die im Einzelfall empirisch widerlegt werden mag. Doch wie sollte der Forscher ohne diese Unterstellung das spezifische, möglicherweise von seinen eigenen Vorstellungen abweichende unternehmensethische Konzept, mit dem der befragte Manager Ethik und unternehmerisches Erfolgsstreben zu vermitteln sucht, *verstehen* können? Diese entscheidende *qualitative* Problemstellung führt unmittelbar zum zweiten konzeptionellen Defizit der üblichen Ausgangsfrage, das sich auf die inhaltliche Abgrenzung des Forschungsgegenstands bezieht.

Zum zweiten leiden die erwähnten Studien durchweg an einer *personalistischen Verkürzung* des unternehmensethischen Grundproblems, indem sie vom komplexen, eigensinnigen ökonomischen Sachzusammenhang unternehmerischen Handelns systematisch abstrahieren. Damit wird jedoch die grundlegende Frage nach dem *»Ort« der Moral* in der Wirtschaft schon im Forschungsansatz in der Weise vorentschieden, daß es allein auf die »Moral der Manager« ankommt.[2] Wie wir noch sehen werden, erkennt demgegenüber ein großer Teil der befragten Manager den primären »Ort« der wirtschaftlichen Moral nicht im persönlichen Gewissen des einzelnen Managers, sondern im Markt oder in dessen Rahmenbedingungen. *Business Ethics* als eigenständige wissenschaftliche Disziplin wäre auch gegenstandslos, wenn sie nicht genau bei diesen *besonderen* Verwirklichungsbedingungen und -problemen der Moral im Rahmen eines modernen Wirtschafts*systems* ihren Ausgangspunkt nähme.

Eine hinreichende, realitätsgerechte Konzeption des unternehmensethischen Grundproblems muß also nicht nur den »rein« ethischen Aspekt, sondern auch die ökonomische Seite der rollenspezifischen Entscheidungsprobleme der Führungskräfte in einem Unternehmen ernst nehmen. Gewiß dürfen auf der einen Seite die ethischen Ansprüche nicht einfach der ökonomischen Rationalität untergeordnet werden – denn es ist das Wesen der Ethik, daß sie *unbedingte* Ansprüche an unser Handeln stellt. Auf

2 Daß ein solcher personalistisch verkürzter Ansatz zu Widersprüchen führt, zeigt sich besonders deutlich bei einer italienischen Studie (ASFOR 1989), die ansonsten von einem moralphilosophisch hochdifferenzierten Ansatz ausgeht: Diese kommt, wie Hinterhuber (1991) berichtet, einerseits zu dem Ergebnis, daß bei Führungskräften der Privatwirtschaft an erster Stelle der »moralischen Präferenzen« das »Wohl der Unternehmung« und erst an zweiter Stelle die »Achtung der grundlegenden Werte des einzelnen« stehe (Hinterhuber 1991: 476 f.). Andererseits aber behauptet sie, daß rund zwei Drittel der italienischen Führungskräfte als Individuen zu charakterisieren sind, die »unverletzbare Bereiche, Rechte und Freiheiten des einzelnen anerkennen, die dessen moralische Integrität schützen« (Hinterhuber 1991: 477). Wenn aber gemäß der Studie das »Wohl der Unternehmung« dem oben zitierten, allgemeinen ethischen Grundsatz unvermittelt vorgeordnet wird, bedeutet dies u. E. den Nachweis, daß der unbedingte Anspruch dieses (deontologischen) ethischen Grundsatzes von den Befragten mehrheitlich gerade *nicht* anerkannt wird.

der anderen Seite aber dürfen ethische Ansprüche auch nicht die ökonomischen Erfolgschancen einer Unternehmung ohne weiteres gefährden – denn ein solcher heroischer Idealismus wäre unternehmerisch *unzumutbar*. Ein Unternehmen, das den ökonomischen Erfordernissen und den Zwängen der Marktbehauptung nicht genügt, wird bekanntlich über kurz oder lang von der Bildfläche (und das heißt hier: vom Markt) verschwinden, was aber wiederum komplexe ethische Probleme aufwirft, beispielsweise wenn Mitarbeiter entlassen werden müssen. Wir formulieren deshalb das *unternehmensethische Grundproblem* wie folgt:
Wie bringen Manager die Erfordernisse der unternehmerischen Erfolgserzielung und -sicherung mit den ethischen Anforderungen, derer sie sich als ethisch verantwortliche Personen bewußt sind oder bewußt sein sollten, in Einklang?
Nicht einfach *ob* bzw. *wie sehr* Manager »ethisch« sind, sondern *welches gedankliche Arrangement* sie im Spannungsverhältnis von Ethik und unternehmerischem Erfolg zur Legitimation ihres Handelns vor sich selbst und vor anderen je für sich persönlich entwickelt haben, ist somit aus unserer Sicht die systematische Ausgangsfrage für ein fruchtbares empirisches Forschungsdesign zur Klärung der »Moral der Manager«. Dabei ist nicht nur aus forschungsmethodischen, sondern auch aus psychologischen Gründen davon auszugehen, daß zumindest Topmanager in der Regel ein für sie tragfähiges unternehmensethisches »Arrangement« durchaus gefunden haben, denn schließlich möchten sie – wie die meisten Menschen – mit sich selbst einigermaßen »im reinen« sein und auch vor den kritischen Fragen ihrer Angehörigen oder der Öffentlichkeit bestehen können. Diejenigen, die ein subjektiv tragfähiges Arrangement nicht gefunden haben, hätten wohl kaum eine Managerkarriere eingeschlagen oder wären zur Lösung der unerträglichen inneren Spannungen früher oder später aus dieser »ausgestiegen«. Gerade erfolgreichen Managern darf also grundsätzlich ein ethischer Legitimations*anspruch* (und die Bereitschaft, diesen argumentativ einzulösen) unterstellt werden. Es macht somit forschungsmethodisch durchaus Sinn, hypothetisch zu unterstellen, daß Manager normalerweise über ein für sie selbst (d. h. innerhalb ihres *frame of reference*) tragfähiges unternehmensethisches Denkmuster verfügen.
Da wie angedeutet die Zusammenhänge zwischen unternehmerischem Erfolg und ethischen Ansprüchen äußerst vielfältig und

vielschichtig sind, liegt es nahe, auch eine *Pluralität* von gedanklichen »Arrangements« von Führungskräften im Spannungsverhältnis ethischer und unternehmerischer Gesichtspunkte zu vermuten. Es macht von daher wenig Sinn, nach einem »ethischen Durchschnittsprofil« zu forschen, wie das fast alle bisherigen Studien zum Thema mehr oder weniger ausdrücklich tun. Vielmehr besteht das sachgemäße Forschungsziel darin, das Spektrum vorgefundener Denkmuster zu erhellen und anhand systematischer Gesichtspunkte typologisch zu ordnen. Die dafür in Frage kommenden Gesichtspunkte sind – wie schon Max Weber (1904) in seinen nach wie vor gültigen Ausführungen zur typologischen Methode interpretativer Sozialforschung gezeigt hat – selbst nicht auch noch unmittelbar den empirischen Daten abzugewinnen, sondern setzen eine *theoriegeleitete* Forschungskonzeption voraus.

Zu beachten ist in diesem Zusammenhang, daß der Forscher, der das unternehmensethische Bewußtsein von Managern untersuchen will, ebenso wie die Befragten selbst, immer schon ein bestimmtes Vorverständnis des Verhältnisses von Ethik und unternehmerischem Erfolgsstreben mitbringt und dieses möglicherweise unreflektiert als »gegebenen« theoretischen Bezugsrahmen voraussetzt – es sei denn, er prüft bewußt alternative Ordnungsgesichtspunkte. Die zweckmäßige Auswahl der zur typologischen Ordnung der Vielzahl individueller Argumentationsmuster verwendeten systematischen Gesichtspunkte (Dimensionen) folgt dabei der Idee eines schrittweise zu realisierenden »reflexiven Äquilibriums« zwischen den explikationsbedürftigen Problemkonzeptionen der Praxis und der theoretisch-kritischen Rekonstruktion der die Praxis leitenden Prinzipien, wie sie John Rawls (1979: 38, 68 ff.) entwickelt hat.

Auf dem Wege der kritischen Prüfung der auf diese Weise konzipierbaren und empirisch feststellbaren Typen des unternehmensethischen Verantwortungsbewußtseins ergeben sich dann möglicherweise neue Perspektiven einer *normativen* Unternehmensethik. Wir sehen deshalb im vorgeschlagenen Forschungsansatz auch einen wesentlichen Beitrag zur Konzeptualisierung tragfähiger, ethisch verantwortbarer und zugleich ökonomisch zumutbarer unternehmensethischer Leitideen für die Praxis.

Unsere eigene empirische Studie (Ulrich/Thielemann 1992) wurde gemäß dem vorangehend in seinen Grundüberlegungen skizzier-

ten Forschungsdesign konzipiert und nach den methodologischen Verfahrensregeln interpretativer (qualitativer) Sozialforschung durchgeführt. Als Gesprächspartner konnten – von insgesamt 75 angefragten – 60 zumeist oberste (weibliche und männliche) Führungskräfte privatwirtschaftlicher Unternehmen aller Größenbereiche gewonnen werden; sie wurden nicht statistisch repräsentativ, sondern gezielt im Hinblick auf die Erfassung eines möglichst breiten Spektrums unternehmensethischer Denkmuster ausgewählt. (Die ungewöhnlich hohe Quote von 80% Zusagen auf unsere Anfrage um Mitwirkung in dem Projekt erhärtet wohl als solche schon die methodisch unterstellte These eines ethischen Legitimations*anspruchs* der Manager.) Die ein- bis vierstündigen Intensivgespräche, die sich an einem teilstandardisierten Gesprächsleitfaden orientierten, wurden für die sorgfältige, oft wiederholt zu prüfende Interpretation tonbandprotokolliert.
Wenden wir uns nun zunächst dem wichtigsten Ergebnis dieser Studie zu, nämlich der erarbeiteten Typologie unternehmensethischer Denkmuster, bevor wir anschließend eine kritische Reinterpretation der Untersuchungsergebnisse der Baumhart- und ihrer Folgestudien versuchen.

2. Eine Typologie unternehmensethischer Denkmuster

Im Sinne der postulierten methodologischen Leitidee eines »reflexiven Äquilibriums« haben sich nach eingehender Prüfung verschiedenster Systematisierungsmöglichkeiten zwei Grunddimensionen unternehmensethischer Verantwortung in unserer Studie für die Einordnung und Beurteilung qualitativ unterschiedlicher Antworten als besonders hilfreich erwiesen. Jede der beiden Grunddimensionen ist dual kodiert:
1. Dimension: Grad des Problem- und Konfliktbewußtseins. Von der Ausprägung dieser Dimension hängt es im wesentlichen ab, ob Unternehmensethik überhaupt als Problem und aktuelle Herausforderung wahrgenommen wird.
– *Entweder* wird davon ausgegangen, daß zwischen unternehmerischem Erfolgsstreben und ethischen Gesichtspunkten im Regelfall *Harmonie* besteht (Harmonisten). Zu fragen ist dann im weiteren, welche Gewährsinstanz die unterstellte Harmonie

verbürgt und den eingeschlagenen Weg der Unternehmenspolitik zu legitimieren vermag.

– *Oder* aber es wird umgekehrt ein *konflikthaftes* Verhältnis zwischen Ethik und Erfolgsstreben als normal unterstellt (Konfliktbewußte); in diesem Fall ist die Harmonisierung erst noch zu leisten, wobei sich die Frage stellt, auf welchen Wegen dies möglich ist und wer dafür zuständig ist.

2. *Dimension: Art der Wahrnehmung der Wirtschaft.* Von der Ausprägung dieser Dimension hängt es im wesentlichen ab, welcher Art die Begründung der Harmonie bzw. des Konflikts ist.

– *Entweder* wird die Wirtschaft als ein relativ autonomer *Systemzusammenhang* wahrgenommen, der weitgehend seiner eigenen »Sachlogik« folgt. Dann bestimmt letztlich der eigentümlich anonyme Marktmechanismus das wirtschaftliche Geschehen. Den einzelnen Wirtschaftssubjekten bleibt weitgehend nur die Anpassung an die Wettbewerbsbedingungen des Marktsystems: Wer am ökonomischen »Spiel« marktlicher Selbstbehauptung teilnehmen will, hat den Spielregeln des Marktes zu gehorchen. Dabei bleibt zunächst offen, ob auf eine »Binnenmoral« des Marktes vertraut wird oder eine ethisch-politisch zu gestaltende Rahmenordnung des Marktes als Ort der Moral angenommen wird.

– *Oder* aber die Wirtschaft wird als ein Lebensbereich wie jeder andere auch, als ein normaler Teil der *Lebenswelt* wahrgenommen, der im wesentlichen nicht von anonym wirkenden Systemimperativen, sondern von der jeweiligen Wirtschafts*kultur* bestimmt wird. (Zur Unterscheidung von System und Lebenswelt vgl. Habermas 1981: 224 ff., 348 ff.; 1986: 379 ff.) Weder wird aus dieser Sicht der Wirtschaft eine besondere, »moralfreie« Sachlogik zugesprochen, noch bedarf es einer besonderen, systemspezifischen Ethik: Lediglich die Anwendung der allgemeinen Maßstäbe moralischen Handelns ist gefordert, wobei zunächst offen bleibt, ob diese ethischen Maßstäbe einem konventionellen oder einem postkonventionellen Moralbewußtsein zuzuordnen sind.

Aus »theoretischer« Perspektive lassen sich nun vorerst vier Grundtypen des unternehmensethischen Bewußtseins aus der zweidimensionalen Matrix, die sich aus der »Kreuzung« der beiden Dimensionen und ihrer jeweiligen dualen Ausprägung ergibt, ableiten (Vier-Felder-Tafel gemäß *Abbildung* 1). Um einen ersten

Abbildung 1: Grundtypen unternehmensethischer Verantwortung

	Systemorientierte 43%	Kulturorientierte 57%
Harmonisten 88%	*Ökonomisten* 33%	*Konventionalisten* 55%
Konfliktbewußte 12%	*Reformer* 10%	*Idealisten* 2%

Überblick zu ermöglichen, ist in Abbildung 1 auch die – wenn auch wie erwähnt, nicht unbedingt repräsentative – Häufigkeitsverteilung der in Gruppen (Grundtypen) zusammengefaßten Denkmuster angegeben. Dabei handelt es sich allerdings nur um die Verteilung nach der jeweiligen *dominanten* (primären) Orientierung. Es zeigte sich darüber hinaus, daß das unternehmensethische Bewußtsein fast aller Befragten neben einem solchen dominanten Denkmuster durch *zusätzliche* (sekundäre) Orientierungen gekennzeichnet ist. Darauf gehen wir unten im Abschnitt 3 noch näher ein. Vorerst seien die Grundtypen und die ihnen zugeordneten konkreteren Denkmuster (Realtypen) in sehr knapper Form skizziert; für eine eingehende Darstellung und Interpretation der einzelnen Denkmuster sowie ihrer Verteilung nach zahlreichen Gesichtspunkten wird auf die Buchveröffentlichung (Ulrich/Thielemann 1992: 33 ff.) verwiesen. *Abbildung 2* (S. 62 f.) gibt einen tabellarischen Überblick über die verschiedenen Typen und liefert eine Kurzcharakterisierung im systematischen Quervergleich.

a) Das ökonomistische Vermittlungskonzept

Ökonomisten gehen vom Regelfall der Harmonie von Ethik und Unternehmenserfolg aus; zugleich nehmen sie den System- und damit den Sachzwangcharakter der Wirtschaft durchaus wahr. Dieser erscheint ihnen offenbar als ethisch unproblematisch: Sie vertrauen der ökonomischen Systemrationalität mehr als der praktischen Vernunft der einzelnen Menschen. Die strukturellen Zusammenhänge des anonymen Marktgeschehens selbst – und nicht etwa verantwortungsbewußt handelnde Personen – stellen

Abbildung 2: Typen unternehmensethischen Denkens

Typus	Ökonomismus		Konventionalismus	
	Der Metaphysische Betriebswirt	*Der Instrumentalist*	*Der Paternalist*	*Der Personalist*
Vermittlungsweg	Unpersönliche Marktsteuerung	Betriebswirtschaftlich kluge Unternehmensführung	Moralische Autorität und Führsorge der Unternehmensleitung	Soziale Verantwortung der Führungskräfte
Handlungskonsequenz	Entlastung der Unternehmensführung von ethischen Reflexionsansprüchen	Einsatz von »Ethik« als Führungsinstrument	Charismatische Führung (»vorbildhaftes« Auftreten, »Beispiele setzen«)	Ethik als *»begleitender Faktor«* der Unternehmensführung
Begründung	Langfristökonomie = Ethik; Neutralisierung unternehmerischer Macht durch den Markt	Ethik = Langfristökonomie; dies gilt als Zeichen der Harmonie von Erfolg und Ethik	Höhere moralische Kompetenz der Unternehmensleitung	Macht impliziert Verantwortung
Verantwortungssubjekt	Unsichtbare Hand des Marktes	Letztlich unsichtbare Hand des Marktes	Unternehmer / Manager als Paterfamilias	Unternehmer / Manager als Entscheidungsträger
Symptomatischer Ausdruck	*»Es gibt keine moralische oder unmoralische Unternehmensführung.« »Wenn es einer Unternehmung gut geht, geht es allen gut.«*	*»Ethik kann ein ›Key-success-Faktor‹ sein – wenn es richtig gemacht wird.«*	*»Ethik muß von der Geschäftsleitung nach unten getrieben werden.«*	*»Ich plädiere für eine absolut freiheitliche Unternehmenspolitik, die jedoch der unternehmerischen Selbstkontrolle zu unterstellen ist.«*
Kritische Schwachpunkte	• Metaphysik des Marktes • Rigorismus	• Verkürzung von Ethik auf »gutes Managen« • Übersieht Konflikte zwischen Ökonomie und Ethik (heile Welt)	• Elitismus • Geringes ordnungspolitisches Bewußtsein • Fiktion der Betriebsgemeinschaft und ihrer Repräsentanz durch den Unternehmer	• Monologisches Verantwortungskonzept • Geringes ordnungspolitisches Bewußtsein
Häufigkeiten dominante Orientierung zusätzliche Orientierung Summe	 17% 7% 24%	 17% 35% 52%	 13% 15% 28%	 38% 22% 60%
Ausweichtendenz	Personalismus (60%) Legalismus (40%)	Personalismus (70%)	Nicht feststellbar	Instrumentalismus (26%)

		Idealismus	Reformismus	
Der Kultur-harmonist	*Der Legalist*	*Der Idealist*	*Der Rahmen-reformer*	*Der Neue Unter-nehmer*
Orientierung an gesellschaftlichen Konventionen	Legal in Kraft gesetztes Recht	Gesellschaftlicher Werte- und Bewußtseinswandel	Ordnungspolitik	Ein zweistufiges unternehmensethisches Konzept
Erfüllung des *»gesellschaftlichen Auftrags«*	Einhaltung und Schutz des jeweiligen Rechts	Verzicht auf *»unmoralischen Erfolg«;* Appelle an den einzelnen	1. Ebene: »Business as usual«. 2. Ebene: Ordnungspolitische Mitverantwortung.	1. Ebene: Suche nach rentablen Wegen ethisch-sinnvollen Wirtschaftens. 2. Ebene: Ordnungspolitische Mitverantwortung
Die Unternehmung ist *»Teil der Gesellschaft«*	Legitimität = Legalität	*»Egoismus«* und *»Materialismus«* kann nur durch individuelle Selbstdisziplinierung in Schranken verwiesen werden.	*»Die Unternehmen entwickeln das nur unter staatlichem Druck in gewünschtem Ausmaß.«*	Synthesen von Ethik und Erfolg als unternehmerische Herausforderung *und* als ordnungspolitische Gestaltungsaufgabe
Mitglieder der kulturellen Gemeinschaft	Gesetzgebungsinstanz (Staat)	Engagierte Personen	Staatliche Ordnungspolitik	*»Aufgeklärte Manager«* als Mitglieder der politischen Öffentlichkeit
»Die Unternehmung ist in die Gesellschaft und ihre Grundsätze eingebunden.«	*»Wir unterstellen uns immer den Gesetzen des Landes, in dem wir operieren.«*	*»Die Marktwirtschaft wäre wunderschön, wenn der ideale Mensch wäre.«*	*»Ich habe nichts gegen strenge gesetzliche Rahmenbedingungen, mit denen man disponieren kann.«*	*»Es ist eine unternehmerische Herausforderung, auf die ethischen Forderungen innovativ einzugehen.«*
• Unzeitgemäße Annahme einer »geschlossenen Gesellschaft« mit fester Wertordnung • Pauschale Entlastung von ethisch-politischen Ansprüchen	• Unkritischer Rechtspositivismus • Unternehmensethische Passivität • Nicht verallgemeinerungsfähig	• In einer modernen Industriegesellschaft eher unrealistisch • Verzichtsethik • Fehlende institutionenethische Perspektive	• »Halbiertes« Verständnis von Unternehmensethik • Partieller Ökonomismus (innerhalb der Rahmenordnung)	• Keine
3% 7% 10%	0% 12% 12%	2% 38% 40%	2% 20% 22%	8% 5% 13%
Instrumentalismus (67%)	Entfällt	Resignation	Ökonomismus	Keine

sicher, daß es in der Wirtschaft moralisch mit rechten Dingen zugeht. Treten dennoch einzelne ethische Probleme mit wirtschaftlichem Handeln auf, so ist das für den strikten Ökonomisten stets ein Symptom dafür, daß *zu wenig*, nicht etwa zu viel Marktsteuerung herrscht. Seine *Metaphysik des Marktes* ist – wie jede Metaphysik – empirisch nicht ohne weiteres widerlegbar.

Der Glaube an eine dem Markt innewohnende moralische Vernunft wurzelt tief in der Geistesgeschichte der abendländischen Marktgesellschaft und ist ursprünglich religiöser Natur. Es ist der Glaube an die von einer übermenschlichen Instanz (Gott) vorgegebene »prästabilierte Harmonie« (Leibniz) der Welt- und Marktordnung. Sie garantiert mit »unsichtbarer Hand« (Adam Smith 1985: 316; 1987: 371), daß das ethisch Gesollte »automatisch« aus dem ökonomisch Gewollten erwächst, und *entlastet* so die einzelnen Wirtschaftssubjekte von direkten normativ-ethischen Ansprüchen. Bei Adam Smith (1985: 130) läßt sich die »unsichtbare Hand« des Marktes noch unschwer als die »Weisheit Gottes« identifizieren (vgl. dazu Ulrich 1991: 175 ff.). Wahrscheinlich war Smith, der an der Schwelle zur Moderne stand, damit der erste und letzte Ökonom, für den die Interessenharmonisierungskraft des Marktes noch mehr oder minder ausdrücklich in *Metaphysik* gründet. Den »modernen« Fassungen des Marktharmonismus sind dagegen die eigenen metaphysischen Wurzeln längst nicht mehr gegenwärtig – sonst könnte er *heute* auch kaum mehr vertreten werden, insbesondere nicht in seinen ausgeprägteren Erscheinungsformen einer mehr oder weniger »blinden« *Marktvergötterung*.

Der ökonomistische Glaube an die »Selbstheilungskräfte« des Marktes findet sich unserer Untersuchung zufolge bei Führungskräften in zwei unterschiedlich strikten Varianten. Beim Typus des »reinen« Ökonomisten, den wir den *Metaphysischen Betriebswirt* (17% unseres Samples) nennen, überträgt sich die unpersönliche und »übermenschliche« Binnenmoral des Marktes gleichsam von selbst auf die »sachlich richtige« Praxis der Unternehmensführung: *Im Grunde* wird nach seiner Überzeugung die Unternehmung nicht von Menschen, sondern vom »Willen des Marktes« bewegt; die Führungskräfte sind nur Werkzeuge des Marktes, sie haben eigentlich überhaupt keine Macht – zumindest insoweit, als sie die Rentabilitätschancen der Unternehmung nachhaltig zu fördern und d. h. alle »betriebsfremden Interessen« (Weber 1972: 79)

zu verbannen suchen.[3] Dann aber können sie für moralische Verfehlungen nicht verantwortlich sein; denn nur wer Macht hat, kann diese moralisch falsch (oder richtig) einsetzen. Ein befragter Manager drückte dies so aus:[4] *»Nur ein Mensch kann moralisch oder unmoralisch handeln, aber eine Unternehmung ...? Selbst wenn der Mensch, der die Unternehmung führt, unmoralisch ist, deswegen ist die Unternehmung nicht unmoralisch.«* Der Markt bestimmt, wo's unternehmerisch lang geht, und so soll es auch sein. Die dauerhafte Existenz- und Erfolgssicherung der Unternehmung erfordert dabei *langfristig* vorausschauende Investitionen, nicht bloß »spekulative« Maximierung des kurzfristigen Gewinns. Nur dann kann sichergestellt werden, daß die Unternehmensführung tatsächlich vom buchstäblich »übersubjektiven« (anonymen) Willen des Marktes und nicht vom »eigenmächtigen« Willen der Unternehmensleitung bestimmt wird. Es gilt also das unternehmensethische Prinzip: *Langfristiger Gewinn ist Ethik.* Dann aber sorgt die »unsichtbare Hand« des Marktes dafür, daß *»es allen gut geht, wenn es einer Unternehmung gut geht.«*
Wie eine Unternehmung richtigerweise zu führen ist, ist unter dieser Voraussetzung allein am Unternehmenserfolg auf dem Markt abzulesen, und dies gerade auch aus Gründen der *sozialen* Verantwortung – in den berühmten Worten von Milton Friedman (1970): »The *social* responsibility of business is to increase its profits« (and nothing else). »Unmoralisch« ist es eher, der Binnenmoral des Marktes mit subjektiven Wertungen ins Werk zu pfuschen, »moralisch« ist es, den Signalen des Marktes zu folgen und so die ethisch richtigen Maßnahmen zu »entdecken«.[5] Unter-

3 Die Vorstellung einer »reinen« betriebswirtschaftlichen Sachlogik, deren notwendige Entfaltung von subjektiven Einflüssen des »psychophysischen Subjekts« (d. h. der Unternehmensleitung) nur *gestört* werden könne, weshalb dieses aus der betriebswirtschaftlichen Theorie zu »eliminieren« sei, findet sich in geradezu paradigmatischer Form bei Erich Gutenberg (1929: 39 ff.), dem Begründer der »klassischen« deutschen Betriebswirtschaftslehre. Vgl. dazu Ulrich (1989) und Thielemann (1990).

4 Die nachfolgenden Textstellen, die durch Anführungszeichen gekennzeichnet und *kursiv* gesetzt sind, geben Aussagen der befragten Führungskräfte wörtlich wieder.

5 Eine solche Offenbarungstheorie des Marktes vertritt besonders prononciert Friedrich A. von Hayek (1969: 249 ff.), der ja den Wettbewerb als »Entdeckungsverfahren« begreift.

nehmer und Manager haben sich konsequenterweise – und das ist der springende Punkt in diesem unternehmensethischen Denkmuster – persönlicher moralischer Empfindungen und Wertungen so weit wie möglich zu enthalten zugunsten des »objektiven« Urteilsspruchs des Marktes.

Der *Instrumentalist* (ebenfalls 17%), aber als zusätzliche Orientierung bei weiteren 35% feststellbar) läßt im Gegensatz zum Metaphysischen Betriebswirt moralische Überlegungen als Bestandteil der Unternehmensführung durchaus zu, ja er fordert sie sogar; sie gelten ihm nicht unbedingt als Abkehr vom Pfad der Tugend erfolgsrationaler Unternehmensführung. Daher erscheint sein Vermittlungskonzept moderater als das rigoristische Konzept des Metaphysischen Betriebswirts, für den sich ja jedes persönliche und daher auch jedes moralische Engagement innerhalb der Wirtschaft gerade aus ethischen Gründen verbietet. Der Instrumentalist sieht sich diesbezüglich in einer aktiveren Rolle: Er »entdeckt« und realisiert das strategische Potential von Ethik als eines Investitionsguts. So dreht sich das ökonomistische Legitimationsprinzip vordergründig um: *Ethik ist langfristiger Gewinn.* Oder, wie es einer der von uns befragten Manager ausgedrückt hat: *»Ethik kann sogar ein Key-success-Faktor sein – wenn es richtig gemacht wird.«*

Der Instrumentalist handelt somit nicht unmittelbar aus innerer Überzeugung »moralisch«, sondern zunächst einmal deshalb, weil (und insoweit) sich dies langfristig auszahlt. Ethik bietet sich ihm demnach als Führungs*instrument* an, beispielsweise um die Motivation der Mitarbeiter zu fördern oder um die Akzeptanz der Unternehmenspolitik gegenüber der Öffentlichkeit zu sichern. Dabei versucht er nicht etwa, den instrumentellen Charakter solcher Führungsmethoden zu verdecken, vielmehr betont er sogar seine ökonomische Motivation. Gleichwohl ist auch der Instrumentalismus im hier gebrauchten Sinne als ein unternehmens*ethisches* Konzept zu verstehen. Gerade daß sich »Ethik« betriebswirtschaftlich längerfristig »rechnet«, wird als *Zeichen* der grundsätzlichen Harmonie von unternehmerischem Erfolgsstreben und ethischen Ansprüchen gedeutet. Auch hier wird also die Wirksamkeit einer »unsichtbaren Hand« des Marktes angenommen, die dem rentabilitätsorientierten Handeln der Führungskräfte die ethisch richtige Richtung gibt.

Dieser Zeichencharakter des Markterfolgs erinnert stark an den

Zusammenhang, den Max Weber in seiner berühmten Schrift, »Die protestantische Ethik und der Geist des Kapitalismus« (1920), zwischen den spezifisch religiösen Motiven des Protestantismus, insbesondere des Calvinismus und des Puritanismus, und einer »kapitalistischen« Erwerbsorientierung herausgearbeitet hat. Der (calvinistische) Unternehmer strebt in methodisch-disziplinierter, »rastloser Berufsarbeit« (S. 105) nach beruflichem und marktlichem Erfolg, weil er nur auf diesem Wege die unerträgliche Ungewißheit, ob ihm die Gnade Gottes zu Teil wird, ob er auf »Erlösung« im Jenseits hoffen darf, überwinden kann. Der berufliche Erfolg gilt ihm als untrügliches »*Zeichen* der Erwählung« (S. 110, Hervorhebung im Original) – nicht etwa als eigenmächtiges »*Mittel* zur Erlangung der Seligkeit« (S. 110). Nicht menschliche Absichten und Motive, sondern einen mächtigen und allwissenden Gott sieht er »in allen Fügungen des Lebens wirksam«, und wenn dieser »einem der Seinigen eine Gewinnchance zeigt, so hat er seine Absicht dabei« (S. 175 f.), nämlich die, ihn seines Gnadenstandes zu versichern.
Die Parallelen zu den beiden Versionen des Ökonomismus, die ja wie die »Protestantische Ethik« eine *Offenbarungstheorie des Marktes* vertreten, sind unseres Erachtens unübersehbar, ja wir vermuten, daß die geistesgeschichtlichen Wurzeln des Ökonomismus religiöser Natur sind und in jenem Protestantismus liegen, aus dem Max Weber den »Geist des Kapitalismus« entspringen sah. Den »Zeichen« des Erfolgs vertraut der »moderne«, ökonomistisch gläubige Manager offenbar auch dann noch, wenn seinem säkularisierten Bewußtsein religiöse Motive längst fremd geworden sind.

b) Das konventionalistische Vermittlungskonzept

Auch für *Konventionalisten* stehen ethische Ansprüche und unternehmerisches Erfolgsstreben in einem grundsätzlich harmonischen Verhältnis. Im Gegensatz zum ökonomistischen Vermittlungskonzept wird hier jedoch – zumindest vordergründig – die Moralität der Unternehmensführung nicht von einer dem Markt innewohnenden, anonymen Systemlogik verbürgt. Vielmehr werden hierfür die tradierten allgemeinen Normen, die auch sonst im Alltagsleben gelten, bemüht. Systemische *Zwänge* der unternehmerischen Erfolgserzielung und -sicherung spielen in der Argumentation der Konventionalisten keine systematische Rolle – weder eine harmonisierende noch eine problematische –, nicht weil Konventionalisten diese Zwänge einfach leugnen oder verdrängen würden, sondern weil sie sie in ganz anderen Kategorien wahrnehmen. Wo es nämlich zum konkreten Konflikt zwischen Ethik und unternehmerischer Erfolgslogik kommt, wird dieser vom Konventionalisten nicht als struktureller Antagonismus zwischen moralischer Pflicht und systemischem Sachzwang verstanden, sondern individualethisch als Konflikt zwischen Pflicht und Neigung bzw. ökonomischem Eigeninteresse gedeutet. So spielen für ihn beispielsweise Free-Rider-Probleme und die Frage der Zumutbarkeit unternehmensethischen Handelns sowie entsprechende ordnungspolitische Lösungsversuche keine wesentliche Rolle. Den Schlüssel zur Gewährleistung der Harmonie zwischen Moral und Markt erblickt er vielmehr im *Charakter* der einzelnen Führungspersönlichkeit oder – im Falle weniger elitistischer Spielarten des Konventionalismus – im kulturellen Niveau der Gemeinschaft wirtschaftlicher Akteure. Es lassen sich verschiedene konventionalistische Denkmuster (Realtypen) aufweisen, die sich durch unterschiedliche Konzeptionen des kulturellen »Orts« der Moral unterscheiden. Da diese Differenzen im vorliegenden Kontext keine besondere Rolle spielen, seien sie nur kurz angedeutet.

Für den durch und durch wertkonservativen *Paternalisten* (13%) hat die Unternehmung noch etwas vom Charakter einer – intern hierarchisch strukturierten – Oikos-Wirtschaft, deren Geschicke er mit strenger und fürsorglicher Hand bestimmt. Seine Autorität als Unternehmer zweifelt er nicht an, sie ist ihm von seiner ganzen Weltanschauung her selbstverständlich; sein Verantwortungsbewußtsein ist deshalb an ein tendenziell elitäres Selbstverständnis gekoppelt und bleibt diesbezüglich unkritisch.

Der *Personalist* (38%, damit die häufigste dominante Orientierung) ist sich seiner Macht, der Gefahr ihres egoistischen Mißbrauchs und damit der Legitimationsbedürftigkeit dieser Macht stärker bewußt. Allerdings erblickt er die unternehmensethische Herausforderung vorrangig in der *Selbst*begrenzung dieser Macht – nicht etwa in ihrer gesellschaftlichen Kontrolle – und plädiert ansonsten für eine *»absolut freiheitliche Unternehmenspolitik«*. Sein individualethischer oder – je nach Blickwinkel – elitistischer Ansatz zeigt sich auch darin, daß er es typischerweise vorzieht, von Unternehm*er*- statt von Unternehmensethik zu sprechen. Der Gedanke einer ordnungspolitischen Unterstützung des unternehmensethischen Engagements ist ihm (trotz der realen Sachzwänge des Wirtschaftens und der systemimmanenten Anreize zum Free-Rider-Verhalten) fremd, da er dezidiert an der Idee der Trennbarkeit von »privater« Wirtschaft und öffentlicher Politik festhält.

Im Denkmuster des *Kulturharmonisten* (3%) liegt im Unterschied dazu der Akzent auf der Vorstellung, daß die Unternehmung *»in die Gesellschaft und ihre Grundsätze eingebunden ist«*. Dabei wird »die Gesellschaft« harmonistisch als mehr oder weniger konfliktfreie Einheit gedacht, die durch ein allgemein anerkanntes Wertesystem zusammengehalten wird. Den ethischen Anforderungen an die Unternehmensführung ist folglich am besten dadurch Genüge getan, daß man sich an die *»bekannten ethischen Grundnormen«* hält.

Demgegenüber wird für den *Legalisten* (als dominante Orientierung nicht vorgefunden, jedoch als sekundäre Neigung bei immerhin 12%) Ethik nicht mehr unmittelbar kulturell von *»der Gesellschaft«* vermittelt, sondern vom Rechtsstaat in Form der geltenden Gesetze (Rechtsnormen). Die Legalität der Unternehmensführung gilt ihm als notwendige und zugleich hinreichende Bedingung für die Legitimität der Unternehmensführung.

c) Das idealistische Vermittlungskonzept

Im deutlichen Gegensatz zu der Gruppe der Konventionalisten ebenso wie der Ökonomisten beurteilt der *Idealist* das unternehmerische Erfolgsstreben als ethisch höchst problematisch (als dominantes Denkmuster in unserem Sample nur bei einer einzigen Führungskraft zu finden (2%), als ergänzende, sekundäre Orientierung jedoch immerhin bei weiteren 38% der Befragten). Er ist in ausgeprägter Weise konfliktbewußt, jedoch in seiner Wahrnehmung der Wirtschaft nicht besonders systembewußt. Er denkt kulturkritisch, nicht systemkritisch. So sind aus seiner Sicht nicht anonyme Imperative der unternehmerischen Erfolgssicherung für die von ihm beklagten Mißstände sozialer oder ökologischer Art verantwortlich, sondern vielmehr der *»Egoismus«* und *»Materialismus«*, dem allzu viele Wirtschaftssubjekte verfallen sind. Die tradierten kulturellen Einstellungen und Werthaltungen »der Gesellschaft« sind für ihn das Problem, nicht wie für den Kulturharmonisten die Lösung. Der Idealist hofft daher auf einen tiefgreifenden kulturellen Bewußtseinswandel.

Dem Königsweg der unternehmerischen Verantwortungsübernahme sieht der eher in individualethischen als in systemischen Kategorien denkende Idealist in der inneren Abkehr des einzelnen von seinen *»egoistischen«* Neigungen. Dies bedeutet jedoch angesichts der realen Sachzwänge des Wirtschaftssystems, daß der Idealist – wenn er nicht den »Ausstieg« wählt – sich permanent harten moralischen Dilemmasituationen zwischen idealistischem Engagement und Opportunismus ausgesetzt sieht. Dadurch mag das heroische Pathos, das seine Ausführungen zum Teil begleitet (*»den Konflikt aushalten, das gehört irgendwie dazu«*), zu erklären sein. Für den Idealisten besteht zwischen den ethischen Ansprüchen bzw. der Behebung der beklagten ethischen Mißstände und dem unternehmerischen Erfolgsstreben nämlich ein letztlich unauflöslicher Konflikt: Das unternehmensethische Engagement geht buchstäblich *auf Kosten* des Unternehmenserfolgs. Damit jedoch vertritt er eine unternehmerische Verzichtsethik, sozusagen eine »Ethik der roten Zahlen« (Pfriem 1989: 118), die dem Problem der betriebswirtschaftlichen *Zumutbarkeit* der unternehmensethischen Maßnahmen nicht gerecht wird und damit kaum als unternehmerisch tragfähig anzusehen ist.

d) Das reformorientierte Vermittlungskonzept

Ausgangspunkt des unternehmensethischen Vermittlungskonzepts der *Reformer* ist die einfache, aber wohl realistische Überlegung, daß Ethik und Unternehmenserfolg weder automatisch in einem harmonischen Verhältnis zueinander stehen noch in einem zwingenden Konflikt; vielmehr erkennen sie die Möglichkeit, daß Ethik durchaus eine Basis erfolgbringenden Wirtschaftens sein kann. Ob und unter welchen Bedingungen dies der Fall ist, ist dann eine empirische Frage; sie im konkreten Fall zu beantworten erfordert eine ebenso nüchterne wie differenzierte Problemanalyse.

Reformer sind konflikt- und sachzwangbewußt. Sie denken kritisch in bezug auf die vorgefundenen Systemzwänge, weil sie die idealistische Überforderung, heroisch *gegen* die ökonomischen

Signale des Marktes zu handeln, für unzumutbar halten. Die entscheidende Voraussetzung, um ethisch verantwortungsvolles unternehmerisches Handeln real möglich (zumutbar) zu machen, erkennen sie in der Änderung der ordnungspolitischen Rahmenbedingungen des Marktes, d. h. in den nach außerökonomischen und wettbewerbsneutralen Gesichtspunkten zu gestaltenden Spielregeln und Anreizen für ökonomisch erfolgbringendes Handeln.

Während der eine Typus des Reformers, der bloße *Rahmenreformer* (2%), den systematischen Ort der Moral in der Wirtschaft voll und ganz in der vernünftigen Gestaltung der Rahmenbedingungen und Spielregeln des Marktes, nicht aber in den unternehmerischen Handlungen innerhalb dieser Spielregeln erblickt, verfügt der andere Typus, den wir den *Neuen Unternehmer* nennen (8%), über ein umfassenderes und zugleich differenzierteres unternehmensethisches Denkmuster. Er hat gelernt, auf zwei institutionellen Ebenen gleichzeitig zu denken: Auf der *ersten Ebene* erkennt er zunächst einen erheblichen Gestaltungsspielraum unternehmerischer Erfolgserzielung, der – wie jeder Handlungsfreiraum – ethisch verantwortungsbewußt ausgeschöpft werden kann und soll. Er begreift es daher als eine *»unternehmerische Herausforderung, auf die neuen ethischen Anforderungen innovativ einzugehen«*, und sucht engagiert nach zum Teil eher unkonventionellen *Synthesen von Ethik und Erfolg*.

Als Realist weiß er jedoch um die Grenzen eines solchen Engagements auf der Ebene der einzelnen Unternehmung. Auf der *zweiten Ebene* reflektiert er daher – durchaus auch im unternehmerischen »Eigeninteresse« – auf die strukturelle Reform der Rahmenbedingungen des Marktsystems selbst. Reformer, insbesondere Neue Unternehmer, stellen also die ethische Qualität der bestehenden Wirtschaftsordnung in unternehmensethisch *integrativer* Absicht kritisch in Frage: Es geht ihnen darum, die ökonomische Sachlogik und die marktlichen Konkurrenzzwänge in ethisch vernünftige und lebenspraktisch sinnvolle Bahnen zu leiten oder auch in wettbewerbsneutraler Weise zu begrenzen. Dabei sind sie sich – und das ist auf der zweiten Ebene unternehmensethisch entscheidend – ihrer *ordnungspolitischen Mitverantwortung* für den Zustand der Rahmenbedingungen unternehmerischen Handelns bewußt. Sie engagieren sich dementsprechend auch politisch, indem sie beispielsweise Reformbemühungen in

Richtung einer vermehrt ökologisch und sozial verträglichen Marktwirtschaft konsequent unterstützen, statt betriebswirtschaftliche Freiräume oder Kostenvorteile blind zu verteidigen. So werden die reformerisch denkenden Führungskräfte (zusammen 10%) den strukturellen Bedingungen einer modernen Wirtschaftsordnung u. E. mehr als alle anderen gefundenen unternehmensethischen Denkmuster in ethisch *und* betriebswirtschaftlich tragfähiger, ebenso kritischer wie realistischer Weise gerecht. Wir sehen vor allem im Denkmuster des Neuen Unternehmers einen ethikbewußten Managertypus der Zukunft, der auch der *normativen* Unternehmensethik einen tragfähigen Ansatz aufzeigt.

3. Das Phänomen des Hintergrundökonomismus

Die skizzierten unternehmensethischen Denkmuster stellen – im Sinne Max Webers (1904) – idealtypische »Steigerungen« der vorgefundenen, interpretationsbedürftigen Argumentationsweisen dar. Daher konnte fast keine der befragten Führungskräfte nur einem der bisher kurz umrissenen Denkmuster zugeordnet werden. Ohne die Berücksichtigung *sekundärer Orientierungen* würde die Verteilung, die sich (wie in Abbildung 1, S. 61) allein auf die dominante Orientierung der befragten Führungskräfte bezieht, ein unzureichendes Bild vermitteln.

Man könnte zunächst geneigt sein, die in solchen Sekundärorientierungen zum Ausdruck kommenden Ambivalenzen oder Inkonsistenzen der Typenbildung selbst anzulasten. Nach sorgfältigen Überprüfungen sind wir jedoch zu der Überzeugung gelangt, daß diese Inkonsistenzen oder »Brüche« im unternehmensethischen Bewußtsein der befragten Führungskräfte durchaus selbst typisch sind.[6] Offenbar muß man sich ein solches Bewußtsein *vielschichtig* vorstellen, gleichsam wie eine geologische Schichtung verschiedener Sedimente. Unterhalb der bewußt vertretenen Denkmuster finden sich – höchstwahrscheinlich biographisch ältere – Hintergrundüberzeugungen.

6 Nur bei den Neuen Unternehmern waren keine oder wenigstens keine deutlichen zusätzlichen Orientierungen feststellbar. Dies darf unseres Erachtens als weiteres Indiz für die Tragfähigkeit dieses offenbar äquilibrierten Denkmusters gelten.

Nicht nur bezüglich der primären (dominanten), sondern auch bezüglich bestimmter Sekundärorientierungen und ihrer Verbindung mit bestimmten Primärorientierungen (Typen) waren charakteristische Unterschiede in den Häufigkeiten zu beobachten. In der drittuntersten Zeile von *Abbildung 2* sind die Häufigkeiten aufgeführt, mit denen das in einer Spalte charakterisierte Denkmuster als sekundäre (zusätzliche) Orientierung *anderer* Typen auftrat (Bezugsgröße der Prozentzahlen ist die Gesamtheit der befragten Führungskräfte); die unterste Zeile der Tabelle nennt dagegen das häufigste sekundäre Denkmuster des in dieser Spalte dargestellten Typus (d.h. des Denkmusters als Primärorientierung), soweit eine charakteristische Sekundärorientierung überhaupt feststellbar war (Bezugsgröße der hier genannten Prozentzahlen ist die Häufigkeit dieses Typus als dominanter Orientierung).

Bezogen auf die vier Grundtypen zeigt sich nun unter Berücksichtigung der Sekundärorientierungen ein erheblich anderes Bild. Das gilt speziell im Falle des Ökonomismus, dem prima facie lediglich ein Drittel der Manager und Unternehmer zuneigen, so daß man zunächst auf eine Dominanz konventionalistischer Denkmuster schließen könnte. Insgesamt erweist sich jedoch in unserer Studie gerade auch der *Ökonomismus als ein außerordentlich häufiges Denkmuster*, ergibt sich für ihn doch eine Gesamthäufigkeit von 76% (Summe von 24% und 52%).

Neben den »primären« Ökonomisten sind es insbesondere auch Konventionalisten, aus deren Äußerungen sich – trotz ihrer primär (oder vordergründig) konventionalistischen Argumentation – zum großen Teil zusätzlich der Glaube an die »unsichtbare Hand« des Marktes herauslesen ließ. Da dieser Glaube an eine »natürliche« oder metaphysische (und nicht menschlich bzw. politisch geschaffene!) Harmonie in diesen Fällen keiner ausdrücklichen Begründung zu bedürfen scheint, sondern seinen Vertretern offenbar als eine Selbstverständlichkeit gilt und damit als solcher kaum wahrgenommen wird, nennen wir diese weitverbreitete Form des unterschwelligen Marktharmonismus *Hintergrundökonomismus*. Er stellt die markanteste Form der erwähnten unternehmensethischen Hintergrundüberzeugungen dar.

Gemäß dem Hintergrundökonomismus bedarf es zwar durchaus der (konventionellen) persönlichen Moral der Führungskräfte;

der Markt harmonisiert also nicht automatisch das unternehmerische Erfolgsstreben mit den Anforderungen der Ethik. Jedoch ist hier der Unternehmenserfolg eine notwendige Voraussetzung (nicht wie beim Metaphysischen Betriebswirt der Inbegriff) der Ethik. Zuerst – und das heißt konsequenterweise: unter Absehung von allen nicht strikt erfolgsrationalen Gesichtspunkten – muß dieser Auffassung zufolge ein möglichst großer Gewinnkuchen gebacken werden, erst dann kann den ethischen Ansprüchen nachgekommen werden. Ethische Erwägungen kommen also erst beim (notwendigerweise gönnerhaften) Verteilen des Gewinnkuchens ins Spiel. Eine solche »Spenden-« oder »Almosenethik« kommt jedoch einer bloß symptombekämpfenden Entschädigungs- oder »Reparaturethik« (Mittelstraß 1990: 36) gleich. *Wie* die Überschüsse erzielt werden, die dann »guten Zwecken« zugeführt werden sollen, also die ethische Qualität der Gewinnerzielung selbst, wird hier systematisch ausgeklammert. Gewährsinstanz dafür, daß es *dabei* mit ethisch rechten Dingen zugeht, ist offenbar wiederum der Markt. Es gibt also für den Konventionalisten mit Hintergrundökonomismus zwar Raum für und Bedarf nach Unternehmensethik, jedoch beginnt deren Aufgabe erst *nach* der strikt erfolgsrational zu gestaltenden Wertschöpfung und bezieht sich allein auf deren Verteilung: Je erfolgreicher eine Unternehmung wirtschaftet, *»desto eher kann man sich diese ethischen Grundsätze leisten«*. Es liegt somit eine charakteristische *Halbierung* des unternehmensethischen Problembereichs vor, die jedoch von diejenigen, die in dieser Weise argumentieren, keinesfalls als solche wahrgenommen wird.
Versuchen, diese Halbierung argumentativ zu klären, wird von den Betroffenen oft ein auffallend emotionaler Widerstand entgegengebracht. Auch diese Erscheinung läßt sich aus den dargelegten Einsichten in das Phänomen des Hintergrundökonomismus ohne weiteres erklären. Indem der Hintergrundökonomismus nämlich meistens genau da in die Argumentationslücke springt, wo das bewußt vertretene (dominante) Denkmuster seine Tragfähigkeit zu verlieren droht, spielt er eine psychologisch wichtige Rolle für die Aufrechterhaltung des unternehmensethischen Legitimationsanspruchs und Selbstverständnisses der befragten Führungskräfte. Daraus, sowie aus dem Umstand, daß der Hintergrundökonomismus – als unterschwellige Überzeugung – seinen Vertretern selbst nicht unmittelbar argumentationszugänglich ist,

mag man ermessen, wie schwierig die pädagogische Aufgabe ist, diese Manager über ihr ökonomistisches (Unter-)Bewußtsein aufzuklären. Und doch ist eben dies, falls unsere Interpretationen richtig sind, von größter praktischer Bedeutung. Denn letztlich vertrauen ja gemäß unseren Ergebnissen rund drei Viertel der Führungskräfte mehr oder minder ausdrücklich der ethischen Harmonisierungskraft des Marktes. Eine rationale Auseinandersetzung mit der unternehmensethischen Herausforderung beginnt demnach systematisch mit *Ökonomismus-Kritik*.

Wir haben es also insgesamt mit drei Versionen des Ökonomismus zu tun:

1. Die reinste Form verkörpert der *Metaphysische Betriebswirt*. Hier *definieren* letztlich die anonymen, übersubjektiven Bedingungen erfolgreicher Marktbehauptung, was ethisch richtig ist, d. h. der Markt ist der *Inbegriff* ethisch verantwortlichen Wirtschaftens. Im Glauben an eine Metaphysik des Marktes und im Vertrauen auf die Weisheit der »unsichtbaren Hand« des Marktes, die ihr unternehmerisches Handeln im Effekt schon in die richtige Richtung lenken wird, fühlen sich die Metaphysischen Betriebswirte von konkreten unternehmensethischen Verantwortungszumutungen *entlastet*.
2. Heute wohl weiter verbreitet, aber auf die gleichen Wurzeln zurückzuführen ist der Typus, den der *Instrumentalist* verkörpert. Hier ist der Markt der *Garant* für die Verwirklichung von ethischen Ansprüchen, die als marktunabhängig definiert gelten, und der unternehmerische Erfolg »ethischer« Zugeständnisse gilt als das *Zeichen* für das allgemein wohltätige Wirken dieses Garanten. Der Instrumentalist versucht durch viele Beispiele hindurch deutlich zu machen, daß langfristige unternehmerische Marktbehauptung notwendigerweise die Einhaltung ethischer Standards mit einschließt.
3. Schließlich ist bei Konventionalisten sehr oft die Version des *Hintergrundökonomismus* anzutreffen. Hier wird Ethik zwar ebenfalls nicht durch den Markt definiert, aber in der erfolgreichen unternehmerischen Marktbehauptung eine *notwendige Voraussetzung* für die Erfüllung außerökonomischer ethischer Standards sowie für ethisch (nicht ökonomisch) motiviertes Sponsoring im weitesten Sinne erblickt.

4. Opportunismus oder Ökonomismus? Eine kritische Reinterpretation US-amerikanischer Studien

Wir sind am Anfang dieses Beitrags von der Überlegung ausgegangen, daß aus methodologischen Gründen ein postkonventionelles Moralbewußtsein, d. h. die ethische Urteilskompetenz bei zu befragenden Führungskräften im allgemeinen sowie ihr »guter unternehmensethischer Wille« im besonderen, hypothetisch zu unterstellen ist. Dem stehen nun scheinbar die Ergebnisse mehrerer Untersuchungen zum Ethos des Managements entgegen, die einen zunehmenden Trend zum »Opportunismus« oder gar »Zynismus« meinen erkennen zu können.

Den schwerwiegenden Zynismus-Vorwurf an die Adresse der befragten Manager hat zuerst Baumhart (1961: 19) erhoben. Anhand konkreter Fragen mit vorgegebenen Antwortmöglichkeiten, wie sich die Befragten in bestimmten moralisch heiklen Situationen verhalten würden, hat er ermittelt, daß die Befragten sich selbst regelmäßig ein deutlich »höheres« Moralbewußtsein zubilligen als ihren »durchschnittlichen« Berufskollegen. Da aber diese Differenz zwischen Selbst- und Fremdeinschätzung durchgängig und damit wechselseitig festzustellen ist, schließt Baumhart (1961: 16f.), daß das, was die Befragten tatsächlich denken und tun, eher ihrer Einschätzung des »durchschnittlichen« Managerverhaltens entspricht als ihrer Selbstdarstellung. Baumhart (1961: 19) spricht daher von einer »Doppelmoral« dieser Manager. Sofern dabei ein *bewußtes* Zurückbleiben ihres tatsächlichen Handelns hinter ihrem eigenen moralischen Bewußtsein vorläge, wäre dies in der Tat Ausdruck einer zynischen Haltung, denn *Zynismus* meint im genauen Sinn des Begriffs: Handeln wider besseres Wissen – oder wie Sloterdijk (1983: 37) in seiner brillanten »Kritik der zynischen Vernunft« definiert: »Zynismus ist das aufgeklärte falsche Bewußtsein«; es ist das Bewußtsein desjenigen, der »die bessere Einsicht den ›Zwängen‹ geopfert hat« (S. 41).

Ganz in diesem Sinne verstehen auch Brenner/Molander (1977: 65) unter Zynismus den »augenscheinlichen« Umstand, daß »economic values override ethical values«. Mit derselben Forschungsmethode wie Baumhart glauben sie 15 Jahre später gar einen »growing cynicism« bei den amerikanischen Managern feststellen zu können. Auch Posner/Schmidt (1987: 383) zweifeln diese

These nicht an, sondern ziehen – unter Einbezug weiterer, ähnlicher Studien – den Schluß, daß »a survey of the literature about the ethical dimensions of managerial decision-making tends to be somewhat discouraging«. Ähnlich schließen Kaufmann/Kerber/Zulehner (1986: 281 ff.) aus ihrer – wie sie selbst einräumen: zum Teil unergiebig gebliebenen – empirischen Studie bei deutschen Führungskräften auf einen ausgeprägten Trend zu moralischem »Opportunismus«.
Unsere These ist nun, daß der angebliche »Zynismus« in Wirklichkeit Ausdruck eines (gewiß nicht nur bei schweizerischen Führungskräften) verbreiteten *ökonomistischen* Denkens ist. Ökonomismus aber ist, wie wir gesehen haben, keineswegs gleichbedeutend mit einer »unethischen«, ethisch desinteressierten und opportunistischen oder gar zynischen Haltung, sondern wurzelt ganz im Gegenteil in einer tiefen unternehmensethischen Gesinnung und stellt damit ein Legitimationskonzept mit ernsthaft vertretenem *ethischem* Anspruch dar. Wir glauben nachweisen zu können, daß die genannten Studien aufgrund ihres unzureichenden, personalistisch und konventionalistisch verkürzten Forschungsdesigns diese gesinnungsethische Tiefenstruktur im unternehmensethischen Denkmuster der betroffenen Führungskräfte verkennen und deshalb zu Schlüssen gelangen, die der moralischen Qualität dieser Denkmuster nicht gerecht werden. Der Nachweis dieser These soll im folgenden anhand der Reinterpretation der Ergebnisse zu vier ausgewählten Statements erfolgen, zu denen in den genannten US-amerikanischen Studien die Führungskräfte in vergleichbarer Weise befragt worden sind.

Statement 1: »Sound ethics is good business in the long run.«
Unsere kritische Reinterpretation stützt sich zunächst auf den Umstand, daß nahezu alle Befragten diesem Statement zustimmen, das ihnen in den drei Studien von Baumhart (1961: 10), Brenner/Molander (1977: 62) sowie Becker/Fritzsche (1987: 293) einheitlich in genau dieser Formulierung vorgelegt worden ist (*Abbildung 3*). Becker/Fritzsche stellen dabei in ihrer international vergleichenden Studie außerdem fest, daß die Zustimmung der amerikanischen Manager am höchsten war; etwas weniger ausgeprägt (jedoch ohne signifikante Differenz) war die Zustimmung der französischen und im Vergleich dazu nochmals etwas geringer die der deutschen Führungskräfte.

Abbildung 3: »Sound ethics is good business in the long run« (Statement 1)

Studien	Zustimmung
Baumhart	99%
Brenner / Molander	> 98%
Becker / Fritzsche	»general agreement«

Genau in dieser empirisch festgestellten Überzeugung eines Zusammenhangs zwischen Ethik und Langfristökonomie kommt jedoch, wie wir gesehen haben, ein typisch ökonomistisches Legitimationskonzept zum Ausdruck, nämlich jenes Denkmuster, welches wir als das *instrumentalistische* bezeichnet und auch in unserer Studie sehr häufig (als Primär- und Sekundärorientierung insgesamt bei 52% der Befragten) gefunden haben – und dies im Gegensatz zu den amerikanischen Studien ohne *direkt* (und damit vermutlich suggestiv) nach der Zustimmung zu diesem Statement gefragt zu haben (sonst hätte wohl ebenfalls ein noch höherer Zustimmungsgrad festgestellt werden können). Instrumentalistisch-ökonomistisches Denken ist bei Führungskräften offenbar ein international stark verbreitetes und zeitlich relativ konstant auftretendes Phänomen.

Es muß nun aber auffallen, daß in keiner der angesprochenen Studien der systematische Status von Statement 1 hinsichtlich seiner ethischen Relevanz sorgfältig geklärt wird. Nur Baumhart (1961: 10) scheint überhaupt zu bemerken, daß es sich bei der Auffassung »sound ethics is good business in the long run« zunächst gar nicht um eine moralische Maxime, sondern um ein strategisches (Klugheits-)Motiv handelt: »But don't conclude that the ›ethical‹ attitude revealed by these answers stems solely from a desire to do what is right *because* it is right.« Brenner/Molander (1977: 62) hingegen sind offenbar selbst im instrumentalistischen Denken befangen, wenn sie Statement 1 als einen (moralischen) »Standard« deuten, obwohl sie doch trotz der hohen Zustimmung zu diesem Statement einen »wachsenden Zynismus« bei Führungskräften zu erkennen glauben (S. 64). Doch dies trifft auf der Aussagenebene des Statements gewiß nicht zu: Es wird eben »ethisch« gehandelt, weil und insoweit dies *im Dienste* nachhaltiger Dauer-Rentabilität steht. Insofern handelt es sich hier nicht um eine genuin ethische Orientierung, die die *Unbedingtheit* ethischer Normen, also kategorische Imperative, zur Geltung bringt, sondern um eine *Instrumentalisierung* der Ethik (in der Sprache Kants: um hypothetische Imperative). Das zeigt sich auch darin, daß nur der Einsatz von »*sound* ethics« erwogen wird, und es wäre eine interessante Frage, woran sich diese »soundness« bemißt.

Die in Statement 1 ausgedrückte Auffassung ist übrigens keineswegs neu. Schon zu Beginn der modernen kapitalistischen Entwicklung galt unter Kaufleuten die Regel: »Honesty is the best policy« – zumindest galt sie insoweit, als man an einer kontinuierlichen Aufrechterhaltung der Geschäftsbeziehungen interessiert war (Weber 1972: 383, 727). Wenn dieser altbewährte kaufmännische Grundsatz heute, im Zeichen des Ethik-Booms, mehr denn je von Führungskräften ins Prinzipielle gehoben wird, so spiegelt sich darin zunächst wohl einfach die aktuelle unternehmenspolitische Erfahrung wider, daß insbesondere »öffentlich exponierte« (Dyllick 1989: 15 ff.) Großunternehmen zunehmend um die Wahrung ihres guten Rufs und um die Akzeptanz ihrer Aktivitäten in der ethisch sensibilisierten, kritischen Öffentlichkeit bemüht sein müssen; sonst drohen möglicherweise Medienschelte, Konsumentenboykotts oder (innere) Kündigungen bei Mitarbeitern. Daher wird »Ethik« heutzutage offenbar von den meisten Führungskräften nüchtern als strategischer Erfolgsfaktor erkannt – zunächst nicht mehr und nicht weniger. Der Fächer der Führungsinstrumente erweitert sich – so wie zuvor schon um »Unternehmenskultur« – jetzt um »Ethik«, denn heute gilt: »soft is hard« (Peters/Waterman 1982: 11).

Unsere – so meinen wir wenigstens – geistesgeschichtlich fundierte Interpretation der instrumentalistischen Version des Ökonomismus macht allerdings klar, warum es sich beim Instrumentalismus dennoch dem subjektiven Sinn nach um ein unternehmens*ethisches* Legitimationskonzept und damit eben nur scheinbar um bloßen Opportunismus handelt. Die ökonomische Notwendigkeit des Einsatzes von »Ethik« in der Wirtschaft, gleichsam der Sachzwang Ethik, gilt den instrumentalistisch denkenden Führungskräften ja selbst schon als *Zeichen und Garant* der Legitimität des unternehmerischen Erfolgsstrebens, wie wir gesehen haben. Der springende Punkt ist dabei nicht die Wahrnehmung der soeben diskutierten *partiellen* Wirkungszusammenhänge durch die Befragten – so etwa unter dem erwähnten Gesichtspunkt der wachsenden »öffentlichen Exponiertheit« unternehmerischen Handelns – und die daraus erwachsende pragmatische Folgerung der Manager, daß »Ethik«, die »sich rechnet«, ein Gebot unternehmerischer Klugheit sei, sondern die derzeit gut zu beobachtende, eilfertige *Verallgemeinerung* dieses partiell plausiblen Zusammenhangs zu einer *generellen* »Theorie« der Legitimation des unternehmerischen Erfolgsstrebens. Hierin aber offenbart sich mehr als bloße pragmatische Klugheit, nämlich die hintergründig vorausgesetzte *Metaphysik des Marktes*, die einer empirischen Überprüfung (seitens der Praktiker, die ihr anhängen, nicht seitens der Unternehmensethik als einer wissenschaftlichen Disziplin!) weder bedarf noch fähig ist.

Statement 2: »Whatever is good business is good ethics.«
In der Baumhart-Studie und ihren Folgestudien konnten eine Reihe von Widersprüchen und Ungereimtheiten festgestellt werden, die unseres Erachtens ebenfalls nicht auf Opportunismus oder gar »Zynismus« zurückzuführen sind, sondern gut damit erklärt werden können, daß unterschiedliche Auslegungen des ökonomistischen Zusammenhangs von Ethik und Langfristökonomie kursieren. So stimmen nach Baumhart (1961: 11f.) sowie Becker/Fritzsche (1987: 295) immerhin 10-15% der Manager neben Statement 1, das ja »generelle Zustimmung« findet, auch Statement 2 zu (*Abbildung 4*). Dieser Ansicht zufolge müßte sich also der »gezielte« Einsatz von »Ethik« im Geschäftsleben erübrigen. Daß immerhin so viele Befragte diesem Statement klar zustimmen, scheint Baumhart zu irritieren (S. 10: »we wonder ...«), da er dies als *offene* Zustimmung der Befragten zu einem opportunistischen Standpunkt deutet: »This is the same as saying that if a thing makes money it is good« (S. 12). Es wäre jedoch kaum plausibel, daß 10-15% der Manager diesem Statement zustimmen, ohne selbst davon überzeugt zu sein, daß diese Maxime ethisch legitimiert werden kann.
Baumhart scheint für die immerhin fünfzehnprozentige Zustimmung zu Statement 2 keine Erklärung geben zu können. Wiederum liegt demgegenüber die Erklärung auf der Grundlage unserer eigenen Studie auf der Hand: Die Zustimmung zu Statement 2 erfolgt durch die Betreffenden deshalb so »ungeschminkt«, weil

Abbildung 4: »Whatever is good business is good ethics« (Statement 2)

Studien	Zustimmung
Baumhart	15%
Becker / Fritzsche	< 10%

sie in ihrem Selbstverständnis keineswegs das Eingeständnis eines niedrigen »level of ethical ideas«, sondern ganz im Gegenteil Ausdruck ihres ernst gemeinten unternehmensethischen Anspruchs ist – jenes legitimatorischen Anspruchs nämlich, wie ihn *Metaphysische Betriebswirte* vertreten. Was sollten sie auch sonst – zumal in einer Befragung zum Thema Unternehmensethik – zum Ausdruck bringen wollen?

Warum aber bedeutet aus Sicht der Metaphysischen Betriebswirte »good business« zugleich »good ethics«? Erinnern wir uns: Im reinen, ursprünglichen Ökonomismus fungiert der Markt im Vergleich zum Denkmuster des Instrumentalismus als *Inbegriff* der Ethik. Der Gedanke dabei ist in etwa der folgende: Die methodisch disziplinierte Orientierung am *langfristigen* Unternehmenserfolg bedeutet die Unterordnung der Manager unter den anonymen Markt und *daher* die notwendige Ausschaltung bzw. »Elimination« (E. Gutenberg) persönlicher Neigungen, Interessen und Überzeugungen – auch und gerade solcher moralischer Art. Diese sind für die strengen Metaphysiker unter den Managern stets Ausdruck bloßer »Willkür«. Metaphysische Betriebswirte oder »reine« Ökonomisten sind moralische Skeptiker. Für sie liegen Rationalität und Moralität in zwei getrennten Welten. Sie trauen weder sich noch anderen in moralischen Fragen ein *rationales* Urteil zu, so wie umgekehrt aus ihrer Sicht das Einfließen moralischer Gesichtspunkte die Sachrationalität des Wirtschaftens nur stören würde.

Ihr moralischer Skeptizismus läßt Metaphysische Betriebswirte aber nicht in Nihilismus fallen; die strikte Marktbehauptung selbst weist aus ihrer Sicht ja den moralisch sicheren Weg. Sie glauben nämlich, daß der arbiträre Charakter ihres persönlichen Engagements in dem Maße abnimmt, wie sie sich als Manager den *über*subjektiven Zwängen des Marktes beugen, und das heißt: ihr Handeln konsequent an »nachhaltiger Dauer-Rentabilität« (Weber 1972: 79) orientieren. Der Richterspruch des Marktes fungiert hier als *Ersatz* für das als bloß subjektiv und willkürlich angenommene moralische Handeln und Entscheiden des einzelnen: Markt statt Moral – so lautet die Devise. Damit kann der Metaphysische Betriebswirt – und das ist hier der springende Punkt – die strikte, zeitlich unbegrenzte Verfolgung unternehmerischer Erfolgsziele (Rentabilität) mit dem ethisch zentralen Gedanken der *Unparteilichkeit* in Zusammenhang bringen, den er im idealisierten Markt in vollkommener Weise für verwirklicht hält. Deshalb meint er folgern zu können: *»Die Marktwirtschaft ist die fairste Wirtschaftsordnung, denn der Markt entscheidet.«* Somit erscheint dem Metaphysischen Betriebswirt das ökonomische Erfolgsstreben ethisch ganz unverdächtig und jegliche persönliche moralische Erwägung im Rahmen der Unternehmensführung als überflüssig, ja als ethisch gefährlich.

Wie verträgt sich aber die Zustimmung zu Statement 2 mit jener zu Statement 1? Angesichts der Prozentzahlen bei Statement 1 müssen auch die strikt ökonomistisch denkenden Führungskräfte (Zustimmung zu Statement 2) der Ansicht sein, daß »sound ethics« im Dienste langfristiger Erfolgssicherung zu stehen hat, obwohl doch Moral nach ihrer Ansicht eigentlich aus der Geschäftswelt zu eliminieren ist. Der Schlüssel zum Verständnis könnte in der spezifischen Lesart von Statement 1 liegen, wie sie den Befragten durch das Adjektiv »*sound*« nahegelegt wird. Manager, die dem Typus des Metaphysischen Betriebswirts zuneigen, erkennen vermutlich nüchterner und noch klarer als Instrumentalisten, daß es sich hierbei keineswegs um *autonome* ethische Erwägungen handeln *kann*, sondern lediglich um die kluge Anpassung an die gegenwärtigen *Bedingungen* langfristiger Erfolgserzielung und -sicherung, welche das Ausmaß und die Art und Weise ethischer Rücksichtnahmen bestimmen – sonst könnte das unternehmerische Erfolgsstreben ja auch gar nicht als *Garant* der Ethik fungieren.[7] Daher besteht für »reine« Ökonomisten gar

7 Die Aussage »(autonomous) ethics is good business in the long run«, ist im Grunde in sich widersprüchlich. Aber genau dies ist wohl von den meisten derjenigen, die Statement 1 (im Sinne des Instrumentalismus) zugestimmt haben, gemeint. Der Instrumentalismus ist also letztlich kein in sich konsistent denkbares Denkmuster. Die hohe Zustimmung

kein Gegensatz zwischen beiden Aussagen, was innerhalb des ökonomistischen Legitimationsmuster auch konsequenter ist. Hingegen empfinden *Instrumentalisten* das Statement 2 (»Whatever is good business is good ethics«) offenbar als unvereinbar mit ihrer Position (Statement 1), weil sie ja gerade bekunden möchten, daß sie sich als Manager ethisch engagieren, was sich ihrer Ansicht nach schon aus unternehmerischer Sicht als notwendig erweist. Überdies ist die weit verbreitete Zustimmung zu Statement 1 bei gleichzeitiger starker Ablehnung gegenüber Statement 2 wahrscheinlich auch darauf zurückzuführen, daß schließlich nicht eine Stellungnahme zu der Aussage gefordert war, »whatever is good business *in the long run* is good ethics«. Ökonomismus meint jedoch stets die Übereinstimmung von *Lang*fristökonomie mit Ethik. So betonen vor allem Instrumentalisten immer wieder ausdrücklich, daß die »ethischen« Investitionen sich zwar *langfristig* auszahlen, *kurzfristig* jedoch Kosten verursachen und damit den Gewinn senken. Nach Brenner/Molander (1977: 69) sehen 41% der Befragten in einem ethischen Engagement kurzfristig einen Kostennachteil, weitere 16% sind dieser These gegenüber »neutral«. Diese Wahrnehmung kurzfristig fehlender Harmonie zwischen Ökonomie und Ethik bestätigt den Instrumentalisten wohl in der Vermutung, daß erst eine Ausrichtung der Unternehmensführung auf die Erhaltung und Ausweitung *dauerhafter* unternehmerischer Erwerbschancen (und d. h. die Kalkulation der eigenen Wettbewerbsposition im Vergleich zu derjenigen möglichst *aller* anderen Marktteilnehmer) die ethische Richtigkeit der Unternehmensführung sicherzustellen vermag.[8]

ist daher wohl nur mit der zusätzlichen Annahme eines weitverbreiteten Urvertrauens in die ethische Richtigkeit der *Konventionen* unternehmerischen Handelns zu erklären.

8 Aber auch Metaphysischen Betriebswirten hätte es aus ähnlichen Gründen eigentlich schwer fallen müssen, hierauf zustimmend zu antworten. Denn diejenigen unter ihnen, die nur ein wenig nachdenken, werden rasch erkennen, daß beispielsweise auch die Geschäfte der Mafia »good business« sind. Metaphysische Betriebswirte versuchen dieser Verlegenheit zumeist dadurch zu entkommen, daß sie – wenn auch eher suggestiv als argumentativ – darauf verweisen, daß die Mafia ihre Aktivitäten ja nicht wirklich am *langfristigen*, also zeitlich unbegrenzten Unternehmenserfolg ausrichtet, daß sie nicht an *unendlicher* Kapitalverzinsung interessiert ist und sich daher dem Richterspruch des Marktes nicht *unbedingt* unterordnet. Darüber hinaus können Metaphysische Be-

Auch aus der Sicht derjenigen Führungskräfte, die nur latent ökonomistisch denken (*Hintergrundökonomismus*), verbietet sich eine Zustimmung zu Statement 2. Denn hier kommt es ja zunächst auf die moralische Gesinnung der Manager an, ohne welche ethischen Anforderungen nicht nachgekommen werden kann. Hingegen stimmen auch Hintergrundökonomisten der These zu, daß »sound ethics is good business in the long run« (Statement 1). Denn erst auf solider finanzieller Basis ist diesem Denkmuster zufolge ein moralisches Engagement möglich (vgl. oben, Abschnitt 3).

Statement 3: »The American business executive tends to ignore the great ethical laws as they apply immediately to his work. He is preoccupied chiefly with gain.«
Aus der wechselseitigen moralisch negativen Fremdeinschätzung der Manager und deren Diskrepanz zur Selbsteinschätzung leiten die hier diskutierten Studien die Zynismus-These hauptsächlich ab (vgl. den Anfang von Abschnitt 4). In Baumharts Studie (1961: 19) stimmen immerhin »fast 50%« der Führungskräfte der Aussage gemäß Statement 3 zu, das für die Fremdeinschätzung steht. Brenner/Molander (1977: 62) ermittelten ebenfalls Zustimmung zum identischen Statement bei »nahezu der Hälfte« der Befragten; bei Becker/Fritzsche (1987: 293 f.) schließlich reagierten die Manager sowohl in den USA als auch in Frankreich und Deutschland mit etwas geringer Zustimmung bzw. eher »neutral« auf das Statement, was nach diesen Autoren möglicherweise an der fehlenden Vertrautheit der Befragten mit den »great ethical laws« liegen könnte.
Auch dieses Ergebnis spiegelt unseres Erachtens in aller Regel keineswegs eine »zynische« Einstellung der Führungskräfte wider. Nach unserer Einschätzung läßt sich die relativ hohe Zustimmung zu Statement 3 angemessener mit der Verbreitung unterschiedlicher Versionen ökonomistischen Denkens erklären.

triebswirte ohne gravierende Änderungen ihres Legitimationsmusters darauf verweisen, daß sie im Gegensatz zur Mafia durchaus bereit sind, sich innerhalb des legalen Rahmens zu bewegen. Auch dies ändert ihrer Ansicht nichts daran, daß die Unternehmensführung sich von ethischen Erwägungen entlastet fühlen darf. Schließlich habe man *»mit der Rechtsabteilung die Polizei ja sozusagen im Hause«*. Und tatsächlich argumentierte in unserer Studie rund die Hälfte der strikten Ökonomisten sekundär legalistisch.

Abbildung 5: »Manager ignorieren die ›großen Gesetze der Ethik‹ und streben vor allem nach Gewinn.« (Statement 3)

Studien	Zustimmung
Baumhart	»fast 50%«
Brenner Molander	»nahezu die Hälfte«
Becker / Fritzsche	»neutral«

So können *Metaphysische Betriebswirte* dem Statement 3 selbst dann aus ethischen Gründen zustimmen, wenn sie sich selbst einschließen; denn es ist aus ihrer Sicht gar nicht notwendig, ja sogar eher schädlich, die »great ethical laws *immediately*« auf die Unternehmensführung anzuwenden. Den ethischen Erfordernissen wird gerade dadurch in bester Weise Genüge getan, daß man sich nicht anmaßt, eigenmächtig moralisch zu handeln. Vielmehr sollen darüber übersubjektive Instanzen entscheiden, sei es nun der Markt oder auch das Recht. (Fast die Hälfte der Metaphysischen Betriebswirte unseres Samples neigten in ihrer Sekundärorientierung dem Legalismus zu.)

Auch bei *Instrumentalisten* ist eine Zustimmung zu Statement 3 (im Sinne einer Tatsachenfeststellung) durchaus nicht unwahrscheinlich, da sie in der Regel wohl die »Einsicht«, daß »Ethik« ein Erfolgsfaktor und daher ein notwendiger Bestandteil der Unternehmensführung ist, für relativ neu halten und daher als noch nicht sehr weit verbreitet einschätzen. Dann aber würde kein Widerspruch zu ihrer Zustimmung zu Statement 1 bestehen, wie Brenner/Molander (1977: 62) offenbar meinen, wenn sie die gleichzeitige Zustimmung zu beiden Aussagen als »failure« deuten. Nur im sehr unwahrscheinlichen Fall, daß sich die Instrumentalisten mit ihrer Zustimmung zu Statement 3 selbst einschließen sollten, läge tatsächlich entweder ein »failure« oder aber – wenn dieser Selbsteinbezug ganz bewußt erfolgen würde – erstmals ein begründeter Fall von *Zynismus* vor!

Die *Hintergrundökonomisten* schließlich haben hingegen eher Schwierigkeiten, den *ethischen* Anspruch des reinen Ökonomismus, der Moral im Geschäftsleben prinzipiell verbietet, zu verstehen; sie beurteilen daher – ähnlich wie Sozialwissenschaftler, denen der Ökonomismus fremd ist – vermutlich das Verhalten vieler ihrer Berufskollegen vorschnell als »unethisch«. Daß sie partiell dasselbe unternehmensethische Denkmuster wie diese abschätzig eingestuften Kollegen vertreten, kann ihnen deshalb kaum in den Sinn kommen, weil es sich dabei ja um eine unterschwellige, ihrem Bewußtsein weitgehend entzogene Hintergrundüberzeugung handelt.

Statement 4: »Competition today is stiffer than ever. As a result, many businessmen find themselves forced to resort to practices which are considered shady, but which appear necessary to survive.«
In der Auffassung all derjenigen, die Ethik durch Langfristökonomie verwirklicht sehen, kann ein zu harter Wettbewerb eigentlich niemals ethisch problematisch sein – zumindest dann nicht, wenn sie in sich schlüssig argumentieren. Doch das ist offenbar eher selten der Fall, was wohl daran liegen mag, daß sich die Realität der ökonomistischen »Theorie« nicht so ohne weiteres anzuschmiegen vermag. In der Studie von Brenner/Molander (1977: 62) sind es 43% der US-amerikanischen Manager, bei Bekker/Fritzsche (1987: 294) 35% der Manager aus den USA und aus Frankreich, aber 60% der deutschen Manager, die Statement 4 zustimmen. Und auch in unserer Studie finden sich 54% der befragten Führungskräfte zuweilen Situationen gegenübergestellt, »in denen sie als Unternehmensleiter Entscheidungen treffen müssen, die sie eigentlich für moralisch bedenklich halten« – so der Wortlaut der gestellten Frage (vgl. *Abbildung 6*).

Abbildung 6: »Der Wettbewerb zwingt zu fragwürdigen Praktiken.« (Statement 4)

Manager aus	Zustimmung
den USA (nach Brenner / Molander)	43%
den USA (nach Becker / Fritzsche)	35%
Frankreich (nach Becker / Fritzsche)	35%
Deutschland (nach Becker / Fritzsche)	60%
der Schweiz (nach Ulrich / Thielemann)	54%

Ein Großteil ökonomistisch denkender Manager glaubt also, daß zwischen dem unternehmerischen Gewinnstreben und somit der Anpassung an die Zwänge marktlicher Konkurrenz (Marktbehauptung und stete Erhöhung der Wettbewerbsfähigkeit) einerseits und den allgemeinen ethischen Anforderungen andererseits *im Prinzip* ein harmonisches Verhältnis besteht; gleichwohl sehen sie sich im Führungsalltag zuweilen oder gar regelmäßig vor konkrete moralische Dilemmata gestellt, die gerade den Sach- bzw. Wettbewerbszwängen unternehmerischer Marktbehauptung entspringen.
Es sind vermutlich instrumentalistisch, also weniger »rein« ökonomistisch denkende Führungskräfte, die Statement 4 trotz des Widerspruchs zu Statement 1 zugestimmt haben. Reine Ökonomisten (Metaphysische Betriebswirte) nehmen dagegen das in Statement 4 angesprochene Problem gar nicht wahr. Für sie ist unternehmerische Marktbehauptung ja nicht bloß ein Garant oder eine notwendige Bedingung einer anderweitig, sozusagen marktextern definierten Ethik (wie im Instrumentalismus und Hintergrundökonomismus), sondern die Marktbehauptung ist in sich schon ethisch legitim; sie *definiert* geradezu das ethisch Richtige. Der Metaphysische Betriebswirt sieht also gar kein Problem darin, der »necessity to survive« andere Werte zu opfern; für ihn gibt es immer wieder Fälle, *»wo ich eine moralisch problematische Entscheidung treffen* muß«.
Die deutlich höhere Zustimmung der deutschen Manager zu Statement 4 (60%) im Vergleich zu US-amerikanischen und französischen Führungskräften könnte demnach bedeuten, daß ein solcher »reiner« Ökonomismus bei ihnen seltener (!) anzutreffen ist. Andererseits aber lehnen gemäß Becker/Fritzsche (1987: 294) fast alle der amerikanischen und französischen, hingegen nur 26% der befragten deutschen Manager das folgende Statement klar ab: »The businessman exists for only one purpose: to create and deliver value satisfactions at a profit to himself. If what is offered can be sold at a profit, then it is legitimate. The spiritual and moral consequences of the businessman's actions are none of his concern.« Demnach wäre also zu vermuten, daß der Anteil besonders strikt ökonomistisch denkender Führungskräfte in Deutschland gerade sehr hoch liegt (obwohl sie die Einschränkung »at a profit to himself« natürlich stören müßte).
Diese Datenlage ist möglicherweise darauf zurückzuführen, daß

das deutsche Sample nach anderen Methoden als die US-amerikanischen und französischen Samples ermittelt wurde und die Zahlen weder vergleichbar noch je für sich repräsentativ sind, wie Becker/Fritzsche (1987: 295) selbst betonen. Jedenfalls deutet die offenkundige Unvereinbarkeit der Antworten der deutschen Manager darauf hin, daß zur Erforschung der Moral der Manager anspruchsvollere Methoden der Datenerhebung und -auswertung erforderlich sind als das bloße Abfragen der Zustimmung oder Ablehnung zu bestimmten Statements. Das unternehmensethische Denken von Führungskräften kann unseres Erachtens erst dann in einem vertieften Sinne verstanden werden, wenn die hinter bestimmten Aussagen stehenden *Begründungen* erhellt und zu Denkmustern verdichtet werden. Wir haben zu zeigen versucht, daß ein dementsprechender unternehmensethischer Forschungsansatz einen wesentlichen Beitrag dazu zu leisten vermag.

5. Fazit

(1) Wir glauben gezeigt zu haben, daß herkömmliche Studien zum Problem »how ethical are businessmen?« an einer systematischen *theoretischen Konzeption* des zentralen *unternehmens*ethischen Vermittlungsproblems mangeln (personalistische und konventionalistische Verkürzung) und deshalb zu teilweise gravierenden Fehlurteilen gelangen.

(2) Auf dem Hintergrund einer entsprechenden systematischen Konzeption, wie sie der hier präsentierten Studie zugrundegelegt worden ist, erweist sich nicht der *Opportunismus* oder gar *Zynismus*, sondern der *Ökonomismus* in seinen verschiedenen Versionen als wichtigstes unternehmensethisches Denkmuster bei Führungskräften, das zu erklären vermag, weshalb die entsprechenden Manager ein mehr oder weniger strikt rentabilitätsorientiertes Handeln in der Regel als *ethisch* legitim erachten.

(3) Hinsichtlich *moralpädagogischer* Bemühungen zur wirtschaftsethischen Bewußtseinsbildung bei Führungskräften kommt es darauf an, deren bestehende Legitimationsansprüche zunächst ernst zu nehmen und ihre unternehmensethischen Denkmuster – ihr unternehmerisches *Ethos* – überhaupt einmal hinlänglich zu verstehen. Sofern unsere Thesen zutreffen und das konkrete Ziel-

publikum eines moralpädagogischen Vorhabens sich vorwiegend aus Personen mit ökonomistisch geprägter Denkweise zusammensetzt, müßte ein fruchtbarer unternehmensethischer Dialog mit der Aufklärung der Gesprächspartner über die Struktur ihres eigenen Denkmusters ansetzen, und das heißt: mit *Ökonomismus-Kritik*.

(4) Erst auf dem Hintergrund einer systematischen Thematisierung des unternehmensethischen Vermittlungsproblems lassen sich auch *differenzierte unternehmensethische Denkmuster*, wie die der *Reformer*, erkennen. Es sind gerade solche Denkmuster wirklich »führender« Führungskräfte, die sich als »realistisch« (d. h. unternehmerisch zumutbar) und zugleich ethisch verantwortbar erweisen. Indem solche real gefundenen Denkmuster in ihrer erfahrungsgestützten Differenziertheit den bisherigen theoretischen Diskussionsstand zur Unternehmensethik u. E. überbieten, weisen sie schließlich auch einer tragfähigen *normativen* Unternehmensethik den Weg.

Literatur

ASFOR (Hg.) (1989): Il manager di fronte ai problemi etici, Mailand.

Baumhart, R. C. (1961): How Ethical Are Businessmen?, Harvard Business Review, Juli-August, S. 6-19, 156-176.

Becker, H./Fritzsche, D. J. (1987): Business Ethics: A Cross-cultural Comparison of Managers' Attitudes, in: Journal of Business Ethics, S. 289-295.

Brenner, S. N./Molander, E. A. (1977): Is the Ethics of Business Changing?, in: Harvard Business Review, January-February, S. 57-71.

Dyllick, Th. (1989): Management der Umweltbeziehungen. Öffentliche Auseinandersetzungen als Herausforderung, Wiesbaden.

Friedman, M. (1970): The Social Responsibility of Business Is to Increase Its Profits, in: The New York Time Magazine, September 13, 1970, S. 32 f., 122-126. (Wiederabgedruckt in: Snoeyenbos, M./Almender, R./Humber, J. (Hg.), Business Ethics, New York 1983, S. 73-99.)

Gutenberg, E. (1929): Die Unternehmung als Gegenstand betriebswirtschaftlicher Theorie, Berlin.

Habermas, J. (1981): Theorie des kommunikativen Handelns, Band 2: Zur Kritik der funktionalistischen Vernunft, Frankfurt.

– (1986): Entgegnung, in: Honneth, A./Joas, H. (Hg.), Kommunikatives

Handeln. Beiträge zu Jürgen Habermas' »Theorie des kommunikativen Handelns«, Frankfurt, S. 327-405.
Hayek, v. F. A. (1969): Freiburger Studien, Tübingen.
Hinterhuber, H. H. (1991): Die Ethik in der Unternehmung: Probleme, Prinzipien und Einstellungen der italienischen Führungskräfte, in: Steinmann, H./Löhr, A. (Hg.), Unternehmensethik, 2. überarb. u. erw. Aufl., Stuttgart 1991, S. 471-479.
Kaufmann, F.-X./Kerber, W./Zulehner, P. M. (1986): Ethos und Religion bei Führungskräften, München.
Kohlberg, L. (1981): Essays on Moral Development, Volume 1: The Philosophy of Moral Development, San Francisco.
Mittelstraß, J. (1990): Wirtschaftsethik oder der erklärte Abschied vom Ökonomismus auf philosophischen Wegen, in: Ulrich, P. (Hg.), Auf der Suche nach einer modernen Wirtschaftsethik, Bern/Stuttgart, S. 17-38.
Peters, Th. J./ Waterman, R. H., Jr. (1982): In Search of Excellence. Lessons from America's Best-Run Companies, New York.
Pfriem, R. (1989): Das Ökologieproblem als Gegenstand einer möglichen Unternehmensethik, in: Seifert, E./Pfriem, R. (Hg.), Wirtschaftsethik und ökologische Wirtschaftsforschung, Bern/Stuttgart, S. 111-128.
Posner, B. Z./Schmidt, W. H. (1987): Ethics in American Companies: A Managerial Perspective, in: Journal of Business Ethics, S. 383-391.
Rawls, J. (1979): Eine Theorie der Gerechtigkeit, Frankfurt.
Sloterdijk, P. (1983): Kritik der zynischen Vernunft, Frankfurt a. M.
Smith, A. (1985): Theorie der ethischen Gefühle, nach der Auflage letzter Hand, hg. von W. Eckstein, 1. Aufl. 1926, Nachdruck Hamburg.
– (1987): Der Wohlstand der Nationen. Eine Untersuchung seiner Natur und seiner Ursachen, hg. von H. C. Recktenwald, Taschenbuch-Ausgabe, München.
Thielemann, U. (1990): Die Unternehmung als ökologischer Akteur? Ansatzpunkte ganzheitlicher unternehmensethischer Reflexion. Zur Aktualität der Theorie der Unternehmung Erich Gutenbergs, in: Freimann, J. (Hg.), Ökologische Herausforderung der Betriebswirtschaftslehre, Wiesbaden, S. 43-72.
Ulrich, P. (1989): Der spezielle Blick der Allgemeinen Betriebswirtschaftslehre für die ökonomischen Dinge der Unternehmensführung – Ein sozialökonomischer Ansatz, in: Kirsch, W./Picot, A. (Hg.), Die Betriebswirtschaftslehre im Spannungsfeld zwischen Generalisierung und Spezialisierung, Festschrift Edmund Heinen zum 70. Geburtstag, Wiesbaden 1989, S. 137-154.
– (1991): Der kritische Adam Smith – im Spannungsfeld zwischen sittlichem Gefühl und ethischer Vernunft, in: Meyer-Faje, A./Ulrich, P. (Hg.), Der andere Adam Smith. Beiträge zur Neubestimmung von Ökonomie als Politischer Ökonomie, Bern/Stuttgart, S. 145-190.

Ulrich, P./Thielemann, U. (1992): Ethik und Erfolg. Unternehmensethische Denkmuster von Führungskräften – eine empirische Studie, Bern/Stuttgart.

Weber, M. (1904): Die »Objektivität« sozialwissenschaftlicher und sozialpolitischer Erkenntnis, in: ders., Gesammelte Aufsätze zur Wissenschaftslehre, hg. von Johannes Winckelmann, 4. Aufl., Tübingen 1973, S. 146-214.

– (1920): Die protestantische Ethik und der Geist des Kapitalismus, in: ders., Gesammelte Aufsätze zur Religionssoziologie 1, 9. Aufl., Tübingen 1988, S. 17-205.

– (1972): Wirtschaft und Gesellschaft, besorgt von Johannes Winckelmann, 5. Aufl., Tübingen.

Manfred Gentz
Wirtschaftsethik in der Unternehmensführung
Chancen und Grenzen

Woher kommt es, daß heute so oft nach Ethik in der Unternehmensführung gefragt wird? Warum werden Unternehmen und ihre obersten Leitungsorgane auf einen ethischen Prüfstand gestellt? Sind Ethik oder Moral überhaupt geeignete Meßlatten, um wirtschaftliches Handeln zu beurteilen?

Denn in der Tat: Unternehmen werden doch wohl zu Recht zuerst nach ihrer wirtschaftlichen Leistung beurteilt, nach Umsatz, nach Ergebnissen, nach Beschäftigten, nach ihren volkswirtschaftlichen und sozialen Leistungen. Das erscheint auch durchaus vernünftig und sachgerecht. Denn der Auftrag der Unternehmen liegt in der Deckung von Bedarfen, die in Produkten oder Dienstleistungen bestehen können. Decken die Unternehmen die Bedürfnisse ihrer Kunden, befriedigen sie die Nachfrage des Marktes, so werden sie ihrem primären volkswirtschaftlichen Auftrag gerecht. Daß und soweit Unternehmen dabei Gewinne erzielen, ist einerseits Antrieb ihrer wirtschaftlichen Betätigung, andererseits ihre nachhaltige Existenzvoraussetzung und Legitimation. Wenn sie gleichzeitig – wie es normalerweise der Fall ist – Arbeitnehmer beschäftigen und ihnen dadurch zu Einkommen und Lebenssicherung verhelfen, so ist dies ein höchst willkommener und wichtiger Beitrag im volkswirtschaftlichen und sozialpolitischen Bereich.

Warum also nach Ethik in der Unternehmensführung fragen, wenn der wirtschaftliche Zweck erfüllt wird? Ist nicht die von den Unternehmen in einer Marktwirtschaft herbeigeführte Bedarfsdeckung schon ein Wert an sich, der weiterer Legitimation nicht mehr bedarf? Darf man wirtschaftliches Handeln nicht schon für sich als ethisch positiv, als gut, beurteilen, jedenfalls wenn erlaubte Mittel und Ziele eingesetzt werden?

Marktwirtschaften setzen den Eigennutz als Triebfeder unternehmerischer Tätigkeit ein. Die List des Marktes führt zu einem volkswirtschaftlichen Gesamtnutzen, somit zu einem guten Ende, das sittlicher Bewertung durchaus standhält. Selbst wenn man wirtschaftliche Betätigung in einer freien Marktwirtschaft nicht als von sich aus gut einstufen möchte, so ist es doch aus der Sicht des Einzelunternehmens wenigstens ethisch neutral. Aus der Sicht des Ganzen ist es gut, solange und soweit die Gesetze des Marktes und die (vor allem sozialen) Rahmenbedingungen eingehalten werden. Eine freie, den Wettbewerb sichernde und soziale Ziele beachtende Marktwirtschaft ist letztlich Garant von bürgerlicher Freiheit und Demokratie. Dasselbe gilt auch umgekehrt.

Diese Betrachtungsweise mag manchem allzu einfach erscheinen. Denn sie kennzeichnet ein Modell, das in seiner praktischen Umsetzung nicht nur Gutes bewirkt, sondern auch Schäden anrichten kann. Deshalb lohnt es, darüber nachzudenken und zu diskutieren, ob es in der Unternehmensführung Bedingungen geben kann, die zu einer über das Wirtschaftliche hinausgehenden ethischen Entscheidung zwingen.

Fragen nach der Ethik in der Unternehmensführung treten vor allem bei den folgenden Problemen auf, denen ich versuchen werde nachzugehen:

- Schädigung oder Gefährdung von Arbeitnehmern bei der Herstellung eines Produktes;
- Schädigung oder Gefährdung von Menschen beim Gebrauch eines Produktes;
- Schädigung oder Gefährdung der Umwelt bei der Herstellung und/oder beim Gebrauch eines Produktes;
- tatsächliche oder angebliche Gefährdung des Friedens durch Herstellung von wehrtechnischen Gütern.

Diese Problembereiche überschneiden sich mehrfach und werden häufiger durch Vermutungen und Verdächtigungen angereichert als durch belegbare Tatbestände. Ich werde die Fragen aus praktischer Sicht zu behandeln versuchen und mich dabei auf meine Erfahrungen in der Unternehmensführung stützen. Hintergrund meiner Erfahrung ist vor allem die gelebte soziale Marktwirtschaft der Bundesrepublik Deutschland. Ich möchte mich sehr bewußt nicht zu planwirtschaftlichen und sozialistischen Volkswirtschaften äußern, deren offensichtliches Versagen aber vielleicht noch einmal unterstreichen kann, daß wirtschaftliches Handeln in einer Marktwirtschaft jedenfalls als ethisch nicht verwerflich, in der Gesamtwertung sogar als ethisch positiv einzustufen ist.

1. Gefährdung oder Schädigung von Mensch und Umwelt durch wirtschaftliches Handeln

1. Die Produktion und der Gebrauch von Gütern enthielten schon immer potentielle Gefährdungen des mit der Herstellung beschäftigten Menschen und der möglichen Nutzer bzw. der von der Nutzung Betroffenen. Das galt schon für die Herstellung und Anwendung der ersten Werkzeuge in der Steinzeit und gilt heute bei Gesundheitsgefährdungen durch Unfälle oder gefährliche Arbeitsstoffe. Es gilt gleichermaßen für den Gebrauch eines Kraftfahrzeugs oder die Nutzung elektrischer Geräte, die für den Anwender oder Dritte Schädigungen verursachen können.

Die Antwort auf diese Gefährdungen ist in aller Regel nicht das Verbot von Herstellung und Anwendung, sondern die Eindämmung der Risiken und der größtmögliche Schutz vor denkbaren Schädigungen. Dabei werden Restrisiken teilweise bewußt in Kauf genommen. Andere Risiken werden möglicherweise nicht oder nicht rechtzeitig erkannt.

Hier kann ein Konflikt der ethisch erwünschten Schadensminimierung für den Menschen mit den wirtschaftlichen Interessen des Unternehmens auftreten. Denn die Risikobegrenzung kann erhebliche Aufwendungen notwendig machen, die den Gewinn des Unternehmens schmälern. Deshalb wird der Staat im Rahmen einer Marktwirtschaft in aller Regel Normen setzen müssen, damit Eigennutz nicht zu Lasten Dritter optimiert wird. Die Normen sind auch deshalb nötig, weil nur so gleiche Wettbewerbsbedingungen für alle Marktteilnehmer geschaffen werden können. Andernfalls wird derjenige durch höhere Kosten und reduzierte Gewinne bestraft, der sich so verhält, daß er Schäden vermeidet, während sein Konkurrent für Rücksichtslosigkeit ökonomisch belohnt wird. Deshalb haben wir zu Recht eine Vielzahl von Arbeitssicherheitsbestimmungen und Verbraucherschutzgesetzen, die neben dem im Vordergrund stehenden Schutzziel vor allem für gleiche Wettbewerbsbedingungen im Markt sorgen sollen.

2. Sehr ähnlich verhält es sich mit der Gefährdung oder der Schädigung der Umwelt durch die Produktion oder die Benutzung der Produkte. Auch hier wird der Konflikt in der Regel so zu lösen sein, daß staatliche Ge- oder Verbote zum Schutz oder zur Wiederherstellung der Natur erlassen werden. Durch staatliche Rege-

lungen wird wiederum Wettbewerbsgleichheit hergestellt, so daß der Mechanismus des Marktes mit Belohnung und Bestrafung nicht in die falsche Richtung weist.

3. Sobald Schutzziele eindeutig definiert und in staatlichen Normen umgesetzt sind, stellen sich ethische Fragen nicht mehr. Wie ist es aber, bevor solche Normen erlassen werden oder bevor Klarheit über Art und Umfang möglicher Schädigungen besteht? Müßten ethisch verantwortlich handelnde Unternehmensführungen hier im Interesse von Mensch und Umwelt nicht auf bestimmte Produktionsverfahren oder Produkte verzichten, wenn sie Gefahren nicht ausschließen können? Müßten sie bei erkannten Risiken nicht freiwillig für Abhilfe Sorge tragen oder, wenn das nicht möglich ist, Produktion und Produkt aufgeben?

Von einem rein ethischen Standpunkt liegt eine entsprechende Forderung nahe, und eine sich so verhaltende Unternehmensführung wird wohl von vielen gelobt werden. Aber es gibt dagegen auch Einwände:

Die Vorsorge oder der Verzicht kann die Existenz des Unternehmens und seiner Arbeitsplätze gefährden. Deshalb wird in aller Regel eine Güterabwägung stattzufinden haben, die insbesondere dann schwierig ist, wenn das Ausmaß und die Wirkungsweise potentieller Gefährdungen nicht eindeutig vorhersehbar sind.

Ist es durchhaltbar, von der Wirtschaft zu fordern, daß sie gegen ihre eigenen Triebfedern vorgeht? Schließlich wird der Eigennutz bewußt eingesetzt, um im Ergebnis Gemeinwohl zu erzeugen. Deshalb mag zwar die Forderung sehr sittlich sein, ihre Befolgung – in letzter Konsequenz mit Aufgabe des Unternehmens – erscheint doch eher unwahrscheinlich.

4. Es gibt sicher Zwischenwege dort, wo die Existenz des Unternehmens nicht bedroht ist und das Unternehmen es verkraften kann, auf Teile möglichen Gewinns zu verzichten. Sobald die Existenzfrage gestellt ist, kann die Wirtschaft gegen ihre eigenen Existenzbedingungen nicht angehen und – jedenfalls nicht in der Breite – ihre Selbstaufgabe beschließen. Ethische Forderungen gegen die Grundwirkungsprinzipien der Wirtschaft sind nicht durchsetzbar. Sie geraten auch in einen unauflösbaren Konflikt zu der Grundaufgabe von Unternehmen zur Deckung nachgefragten Bedarfs, die volkswirtschaftlich und gemeinwohlbezogen positiv zu bewerten ist. Diesen positiven und ethisch nicht nur legitimierten, sondern erwünschten Effekt zu durchbrechen oder aufzuhe-

ben zugunsten eines anderen (höherrangigen?) Prinzips, erscheint mir äußerst fragwürdig, wenn nicht unmöglich.
Deshalb werden in aller Regel für diese Konfliktbereiche Normen gesucht werden müssen, die die Wirtschaft mit ihren Vorhaben in die richtige Richtung lenken. Ob es sich dabei immer um staatliche Regulative handeln muß oder ob es auch andere Wege geben kann, soll später erörtert werden.

II. Entscheidungen im politischen und im wehrtechnischen Bereich

Der Golfkrieg hat die Diskussion über die Lieferung wehrtechnischer Güter erneut belebt. Das Meinungsspektrum reicht von der vollkommenen Ablehnung jeglicher Produktion und Lieferung wehrtechnischer Güter bis zur totalen Liberalität, solange sich Produktion und Lieferung im Rahmen geltender Gesetze halten. Dazwischen gibt es eine wachsende Gefolgschaft für die Forderung, die Unternehmen sollten eine eigene ethische Prüfung anstellen und über gesetzliche Regelungen hinaus Lieferungen aus moralischen Gründen ablehnen, z. B., weil der Auftraggeber böse ist oder die Güter zu bösen Zwecken einsetzen könnte. Diese Forderung gewinnt noch zusätzlich an Schärfe, weil unter die gesetzlichen und die darüber hinausgehenden moralischen Lieferverbote auch dual-use-Produkte fallen sollen; also solche Waren, die zivil und militärisch eingesetzt werden können.
1. Die Herstellung militärischer Güter wird von vielen deshalb grundsätzlich abgelehnt, weil die Produktion als solche kriegerische Auseinandersetzungen ermögliche und dadurch den Frieden gefährde. Hier werden Ursache und Wirkung verkannt: Solange es Spannungen mit der Gefahr kriegerischer Waffengewalt gibt, wird es eine Rüstungsproduktion geben. Sobald es eine politische Lösung für einen dauerhaften und zuverlässigen Weltfrieden gibt, werden Waffenproduktion und die Herstellung militärisch einsetzbarer Güter im ganzen Umfeld überflüssig und mangels Nachfrage eingestellt werden.
Umgekehrt gilt aber auch: Solange es aus politischer Bewertung einen Verteidigungsbedarf gibt, wird zumindest eine auf Verteidigung ausgerichtete wehrtechnische Produktion legitimerweise nachgefragt. Die Herstellung von Verteidigungsgütern kann in

einer wehrhaften, auf reine Verteidigung verpflichteten Demokratie wie der deutschen nicht unsittlich sein. Es wäre vielmehr verantwortungslos, unsere jungen Männer der allgemeinen Wehrpflicht zu unterwerfen, ihnen aber die geeigneten Werkzeuge zur Landesverteidigung und zu ihrem eigenen Schutz vorzuenthalten.

2. Die Lieferung wehrtechnischer Güter in das Ausland kann moralische Probleme aufwerfen. Zwar sollte die Lieferung an Partner des eigenen Verteidigungsbündnisses moralisch ebensowenig in Frage gestellt werden wie die Lieferung an die Bundeswehr. Was ist aber, wenn unsere Verbündeten diese Produkte nicht selbst behalten und nutzen, sondern sie an zweifelhafte Adressen weiterverkaufen?

Die einfache Antwort ist diese: Die Bundesrepublik hat sehr scharfe Exportkontrollgesetze, die die Lieferung in Spannungsgebiete aus Deutschland verbieten. Hier dürfte kaum noch Raum sein für eigene moralische Wertungen der Unternehmen, die dann doch wohl zu anderen politischen Wertentscheidungen kommen könnten als die dafür zuständige und legitimierte Regierung. Und werden die Unternehmen nicht ständig kritisiert, wenn sie eigene politische Wertungen vornehmen, die von denen der dazu allein berufenen Regierung abweichen?

Die Antwort ist noch zu einfach. Wenn das Unternehmen weiß, daß unsere Verbündeten wehrtechnische Güter in Länder weiterliefern, in die deutsche Unternehmen aus der Bundesrepublik direkt nicht liefern dürften, dann ist der Schutz des Außenwirtschaftsgesetzes offensichtlich wirkungslos. Denn Umweglieferungen über Nato-Länder werden damit zulässig. Solange die Nato, oder besser noch die gesamte westliche Welt, sich nicht über einheitliche Exportrichtlinien für Rüstungsgüter einigt, wird es die offene Flanke der Umweglieferung geben. Die Problematik wird noch verschärft durch die multilaterale Produktion aufwendiger Güter (z. B. Tornado), bei der jedes Land mit seinen Firmen vertragliche Lieferverpflichtungen an die anderen Länder eingeht. Deutschland und unsere Deutsche Aerospace sind vertraglich verpflichtet, unseren Lieferanteil am Tornado zu erbringen, auch wenn z. B. Großbritannien das fertige Flugzeug in ein Land verkauft, in das wir von Deutschland aus nicht exportieren dürften.

3. Vor diesem Hintergrund wird die Forderung unseres Hauses nach mindestens europa- und natoweiten Exportkontrollbestim-

mungen zu einer zwingenden Notwendigkeit. Die moralischen Absichten und Ziele der deutschen Gesetzgebung und deren Umsetzung durch die Bundesregierung werden anders nicht zu verwirklichen sein. Die gutgemeinte Moral der Deutschen bleibt ohne Wirkung.
Neben der Moral muß hierbei aber auch die Wettbewerbskomponente mit ihren wirtschaftlichen Auswirkungen beachtet werden. Die strengen Exportkontrollbestimmungen der Bundesrepublik benachteiligen deutsche Firmen im internationalen wirtschaftlichen und technologischen Wettbewerb und machen sie für andere Länder zu ungeeigneten und unzuverlässigen Partnern. Internationale Kooperationen auf dem Gebiet der Wehrtechnik könnten deutsche Firmen ausschließen, obwohl gerade die Internationalität ein starkes Element der Friedenssicherung insofern enthält, als die Partner kaum gegeneinander Krieg führen können.
Schlimm ist noch eine weitere Facette: Solange unsere Natopartner jedenfalls vom Legalitätsstandpunkt Lieferungen nicht für verwerflich halten, die wir von Deutschland aus verbieten, wird der hohe moralische Anspruch der Bundesrepublik von vielen Firmen nicht so ernst genommen werden. Die offenen oder verdeckten Versuche, die strengen deutschen Exportbestimmungen zu umgehen, werden dadurch zusätzliche Anreize und fast schon eine Legitimation bekommen. Kann sich ein Unternehmer nicht herausgefordert fühlen, wenn ihm durch die deutsche Gesetzgebung verboten wird, was den entsprechenden Unternehmen im befreundeten Frankreich oder Großbritannien nicht nur erlaubt ist, sondern von seiner Regierung noch gefördert wird? Ist die Moral der Deutschen soviel besser als die ihrer Nato-Partner?
Wenn das westeuropäische und nordamerikanische Ausland uns wegen verbotener oder angeblich verbotener Waffenlieferungen angreifen, so sollte die moralische Doppelzüngigkeit nicht außer acht gelassen werden. Schlimmer noch: Hinter der Kritik stehen oft sehr massive Wettbewerbsinteressen der jeweiligen nationalen Rüstungsgüterindustrie.
4. Wir werden möglicherweise noch lange warten müssen, bis es eine länderübergreifende, die EG und die Nato einschließende Exportkontrolle für Rüstungsgüter gibt. Müßten dann verantwortungsbewußte Unternehmen nicht eine eigene, freiwillige Exportkontrolle einführen, um aus dem Zwielicht moralischer Ver-

werflichkeit bei der Herstellung und Lieferung wehrtechnischer Güter herauszukommen und ethisch bestehen zu können?
Wir haben in unserem Hause Ende 1989 eine solche interne Exportkontrolle eingeführt, und wir diskutieren im Konzernvorstand intensiv solche Lieferungen, die gesetzlich nicht verboten, oft sogar nicht einmal meldepflichtig sind, die aber wegen des Auftraggebers oder der Region, in die geliefert werden soll, kritisch erscheinen. Wir haben auch freiwillig aus moralischen Erwägungen auf einige Geschäfte verzichtet.
Dennoch habe ich große Zweifel, ob wir damit das Problem lösen. Denn wir tun uns sehr schwer, den richtigen Entscheidungsmaßstab zu finden und letztlich politische Wertungen vorzunehmen, die uns doch wohl nur begrenzt zukommen. Mag dies noch angehen, so bleibt eine andere Frage: Halten wir unsere hohen Ansprüche auch durch, wenn der Verzicht auf ein Geschäft oder auf bestimmte Arten von Geschäften zu nachhaltigen wirtschaftlichen Einbrüchen mit dramatischen Beschäftigungsverlusten führt? Bleibt unsere Moral diesselbe, wenn die Existenz des Unternehmens oder doch eines wesentlichen Teils gefährdet ist?

III. Der Auftrag und der Konflikt des Managements

Die Frage nach der Ethik in der Unternehmensführung darf die verantwortlichen Entscheidungsträger nicht außer Betracht lassen. In einer deutschen Aktiengesellschaft hat letztlich für operative Fragen immer der Vorstand die Letztverantwortung, selbst wenn er für manche Elemente seiner Entscheidung die Zustimmung des Aufsichtsrates benötigt. In strategischen, langfristig wirkenden Entscheidungen ist zwar der Aufsichtsrat vielfach stärker gefordert; dennoch bleibt Hauptverantwortungsträger der Vorstand. Entsprechendes gilt für andere Kapitalgesellschaften. Nur mit diesen Gesellschaften will ich mich hier beschäftigen. Für eine Personengesellschaft oder Eigentümerunternehmer können sich aus persönlicher Sicht ethische Fragen durchaus anders stellen.
1. Der Vorstand einer Aktiengesellschaft handelt in aller Regel nicht aus einer Eigentümerposition, sondern er hat einen Auftrag, der seinem Bestellungsverhältnis zugrunde liegt. Dieser Auftrag

wird im Kern durch die Kapitaleigner, also die Aktionäre, erteilt, durch gesetzliche Bestimmungen präzisiert und durch weitere Regelungen – wie die Mitbestimmung der Arbeitnehmer – eingegrenzt. Der Auftrag geht dahin, Waren oder Dienstleistungen bestimmter Art zu entwickeln, zu produzieren oder zu vertreiben und dabei das eingesetzte Kapital zu vermehren, wenigstens aber in seiner Substanz zu erhalten. Es kann daneben noch weitere Ziele und Auftragsspezifizierungen geben, die die Beschäftigung von Arbeitnehmern, soziale Fragen, den Umgang mit öffentlichen Einrichtungen oder andere Themenkreise berühren. Dadurch wird die Hauptaufgabenstellung präzisiert und mit Rahmenbedingungen versehen, aber nicht etwa in Frage gestellt oder gar aufgegeben.

Es ist in der Praxis häufig so, daß der Vorstand selbst die Aufgabenstellung weiterentwickelt und neue Rahmenbedingungen definiert. Gerade in Kapitalgesellschaften mit einer breiten Aktionärsstruktur ist auch nur der Vorstand wirklich in der Lage, Strategien und Ziele festzulegen und sie dem Aufsichtsrat zur Zustimmung vorzulegen. *Eine* Aufgabe kann der Vorstand aber nicht verändern: Er wird die ökonomische Zielsetzung, die gleichzeitig immer Meßlatte seines Erfolges ist, nicht aufheben dürfen. Kapitalerhaltung und Kapitalmehrung bleiben sein unveränderbarer Auftrag, mögen sich auch die anderen Ziele und Rahmenbedingungen ändern.

2. Ethisch begründete Entscheidungen des Vorstandes können leicht – zumindest vordergründig – mit seinem Auftrag kollidieren, den er von seinen Kapitalgebern übernommen hat. Wenn sich der Vorstand – aus höchst respektablen Gründen – dazu entschließt, bestimmte (erlaubte) Produktionsverfahren aus Umweltgründen nicht mehr einzusetzen, auf umweltgefährdende Produkte zu verzichten oder im wehrtechnischen Bereich legal zwar erlaubte, ethisch aber unerwünschte Geschäfte nicht mehr zu machen, so kann darin eine Verletzung des ihm erteilten Auftrages liegen. Das dürfte wohl der Fall sein, wenn durch derartige Entscheidungen nachhaltige Gewinnschmälerungen hervorgerufen werden, die die Substanzerhaltung oder gar die Existenz des Unternehmens gefährden.

Darf ein Vorstand dann – ohne Rückkoppelung mit seinen Auftraggebern – seine Wertentscheidungen entgegen dem Auftrag und entgegen ökonomischen Prinzipien durchsetzen? Die Weiter-

leitung der Frage an die Kapitaleigner ist dabei in aller Regel eine Illusion, wenn man sich die Abläufe von Hauptversammlungen großer Unternehmen mit breiter Aktienstreuung vergegenwärtigt.
Müßte in einem solchen Falle der Vorstand eines Unternehmens, der solche Entscheidungen für ethisch notwendig hält, nicht eher den Auftrag zurückgeben, also zurücktreten?
3. Diese Überlegung wird durch eine weitere gestützt: Ethisch begründete Entscheidungen, die im Grenzbereich zu den geschilderten Konflikten führen können, beruhen auf Werten, die der oder die Entscheidungsträger für richtig halten. Wer legitimiert aber die Entscheidungsträger, also in unserem Beispiel den Vorstand, seine Werte für andere als verbindlich zu setzen? Er entscheidet mit seiner Wertesetzung für seine Aktionäre, also seine Auftraggeber, er entscheidet aber gleichzeitig auch für die in dem Unternehmen beschäftigten Arbeitnehmer und für die Gemeinde, in der das Unternehmen tätig ist. Ist es nicht an sich schon problematisch, wenn eigene, individuelle Wertentscheidungen anderen oktroyiert werden, die diese Entscheidungen zwar nicht gutheißen müssen, aber doch von ihren Auswirkungen gravierend betroffen sein können?
Ich meine, daß solche Setzungen von Werten nicht von vornherein illegitim sind und sich durchaus noch im Rahmen des Vertretbaren, unter Umständen sogar Notwendigen halten können. Das gilt jedenfalls solange, wie sich ein Vorstand damit nicht in dem Grenzbereich bewegt, in dem er den eigentlichen Auftrag mißachtet und die Existenz des Unternehmens gefährdet. Sobald er das aber mit seiner ethisch begründeten Entscheidung tut, verletzt er seinen ihm erteilten Auftrag und verläßt den ihm gesteckten Handlungsrahmen. Dann bleibt ihm auch aus diesen Gründen nach meiner Auffassung kein anderer Weg als der Rücktritt, wenn er die Fortführung der unternehmerischen Tätigkeit entsprechend seinem Auftrag nicht mehr für verantwortbar hält.

IV. Ethische Handlungsspielräume der Unternehmensführung

Nach dem Gesagten scheint es keinen Raum für moralisches Handeln in der Unternehmensführung zu geben, jedenfalls keinen, der gegen die Gesetzmäßigkeiten des wirtschaftlichen Handelns zu fordern und durchzusetzen wäre. Eine solche Erkenntnis mag manchem deprimierend erscheinen. Dabei wird aber übersehen, daß es durchaus ethischen Forderungen zugängliche Bereiche der Unternehmensführung gibt.

1. Mit dem Auftrag der wirtschaftlichen Unternehmensführung durchaus vereinbar ist ein Verhalten, das die gesetzlichen Rahmenbedingungen unternehmerischen Handelns in vollem Umfang respektiert und nicht ständig – zur Maximierung von Gewinnen – nach Schlupflöchern und Umgehungsmöglichkeiten sucht. Dazu gehören auch ein faires Wettbewerbsgebahren und Vertragstreue gegenüber Partnern. Das Vorleben und Eintreten für gesetzeskonformes Verhalten und Fairneß gegenüber Partnern sind Werte, die keineswegs selbstverständlich sind und unter ethischen Maßstäben durchaus zählen.

2. Auch im Umgang mit Mitarbeitern und Gemeinden, mit der Öffentlichkeit schlechthin kann ein Unternehmen durchaus freiwillig Leistungen erbringen, die über den vorgeschriebenen Rahmen deutlich hinausgehen. Freiwillige Sozialleistungen für die Arbeitnehmer des Unternehmens, die Förderung öffentlicher Einrichtungen, z. B. der Bau einer Sporthalle oder die Finanzierung einer Ausstellung sind zulässig und erwünscht, solange dadurch Substanzerhaltung und Existenz des Unternehmens nicht nachhaltig gefährdet sind.

Der Auftrag an den Vorstand heißt nicht Gewinnmaximierung und darf nicht kurzfristig gesehen werden. Die von einem Vorstand geforderte Gewinnoptimierung ist langfristig orientiert und kann bei ausreichenden Erträgen eben durchaus auch freiwillige Leistungen einschließen, die sich im übrigen oft ja auch mittelbar ökonomisch positiv auswirken können. Hier sind wertende Entscheidungen eines Vorstandes vollkommen legitim. Der bestehende Handlungsspielraum ist beachtlich und sollte nicht zu gering geschätzt werden.

3. Eine Unternehmensführung braucht darüber hinaus ethisch nicht abstinent zu sein. Sie kann vielmehr versuchen, von ihr für

richtig und notwendig gehaltene Entscheidungen in den Wirtschaftsprozeß selbst einzuführen und damit zu ökonomischen Rahmenbedingungen werden zu lassen, die dann wieder voll der »List« des Wirtschaftssystems unterliegen.
a) Bei Umweltproblemen im Produktionsverfahren oder beim Produkt kann eine Unternehmensführung auf einen allgemeinen freiwilligen Verzicht, z. B. über Wirtschaftsverbände hinwirken oder eine gesetzliche Regelung fordern. In beiden Fällen wird sehr viel Überzeugungsarbeit notwendig sein, um gleiche Wettbewerbsbedingungen für alle zu erhalten. Der Erfolg eines solchen Bemühens ist auch keineswegs gewährleistet, zumal der deutsche Gesetzgeber keine Regelungen für das Ausland erlassen kann. Vielfach wird eine Vorleistung des Unternehmens in Form freiwilliger Auflagen oder von Teilverzichten notwendig werden, um dem allgemeinen Meinungsbildungsprozeß den erforderlichen Nachdruck zu verleihen.
Sehr ähnlich verhält es sich im wehrtechnischen Bereich für den Export in Spannungsgebiete. Auch hier kann eine Unternehmensführung eine klare Grenzziehung zwischen ethisch noch zulässigen und nicht mehr vertretbaren Lieferungen durch eigene Diskussionsbeiträge anregen und beeinflussen. Es kann diesen Prozeß auch durch eigene freiwillige Verzichts-Vorleistungen beschleunigen und ihm Nachdruck und Glaubwürdigkeit verleihen. Dennoch wird gerade auf diesem Gebiet eine wirksame Trennlinie nur durch den Gesetzgeber und durch internationale Normsetzungen zu erreichen sein. Freiwillige Absprachen von Unternehmen *eines* Landes dürften in einem international umkämpften Markt kaum eine nachhaltig friedensfördernde Wirkung haben.
Die Diskussionen zu Umweltfragen oder zu Exporten wehrtechnischer Güter müssen von ethisch denkenden Unternehmern mit großer Offenheit und persönlichem Einsatz geführt werden. Man sollte die Wirkung solcher Diskussionen, die ja nicht nur hinter verschlossenen Türen mit Verbänden und Unternehmerkollegen oder der Regierung geführt werden, keineswegs unterschätzen. Die öffentlich geführte, von sittlichem Ernst und glaubhaftem Verantwortungsbewußtsein getragene Diskussion kann etwas bewegen. Hier sind Unternehmer mit ihrer ganzen moralischen Überzeugungskraft gefordert, damit ökonomisch gleiche Wettbewerbsbedingungen für ein sittlich als richtig erkanntes Verhalten geschaffen werden.

b) Noch ein anderer Weg erscheint gangbar. Wo der Gesetzgeber nicht eingreifen will, kann das Verhalten der Verbraucher zu einem guten Ziel führen. Wenn Verbraucher davon überzeugt werden können, daß man bestimmte Produkte, seien es phosphatierte Waschmittel, seien es FCKW-haltige Sprays oder verbleites Benzin, meidet und für Alternativprodukte sogar mehr bezahlt, dann hat der Markt eine umweltschützende Entscheidung getroffen.
Ethisch aktive und sensible Unternehmer können den Versuch machen, ein solches Kundenverhalten zu initiieren. Sie können also versuchen, ethisch als richtig erkannte Verhaltensweisen über ein gekonntes Marketing in den Markt einzuführen, ethische Ziele also zu vermarkten. Daß dies durchaus gelingen kann, zeigen viele Beispiele aus dem Bereich des Umweltschutzes. In unserem eigenen Hause sind wir mit der durchgängigen Einführung von Katalysatoren bei Automobilen und bei Öko-Hausgeräten vorangegangen. Die Verbraucher haben diese Entscheidungen honoriert.
Die Vermarktung von Ethik klingt wie ein Widerspruch in sich und scheint die Ethik zu konterkarieren. Ich meine, daß es bei den heute ethisch besonders kritischen Fragen Mechanismen zu entwickeln gilt, die sich die Gesetzmäßigkeiten des Marktes zu eigen machen. Hier liegt nach meiner Überzeugung eine wichtige und notwendige Aufgabe ethisch bewußter, intelligenter Unternehmer, die damit gleichzeitig die Chance erwerben, ihr eigenes Unternehmen nicht zu schädigen, sondern sogar zu fördern.
4. Das Image eines Unternehmens entscheidet in beachtlichem Ausmaß auch über seine Stellung im Markt und seinen Markterfolg. Vertrauen in die Seriosität und Stabilität des Unternehmens sind Erfolgsfaktoren, die niemand unterschätzen sollte. Nicht zuletzt deshalb investieren Unternehmen so viel Geld in ihr Erscheinungsbild und in aufwendige Sponsoringmaßnahmen.
Zur Glaubwürdigkeit einer Unternehmensführung gehört ihre ethische Sensibilität. Um sie zu vermitteln und ethische Ziele durchzusetzen, wird man sie den Kunden, dem Markt, nahe bringen müssen. Über die List des Marktes kann schließlich ein ethisch erwünschter Erfolg erzielt werden.

v. Das Ringen um den richtigen Weg

1. Die bisher dargelegten Ableitungen zu Auftrag, Grenzen und Möglichkeiten des (angestellten) Unternehmers zu ethischem Handeln in der Unternehmensführung mögen klar und einfach erscheinen. Dahinter stehen aber viele Fragen, auf die es kaum sichere Antworten gibt und die den ethisch verantwortlich handelnden Unternehmer zu oft qualvollen Entscheidungen zwingen.

Wieviel freiwilligen Umweltschutz, wieviel an Arbeitsplatzverbesserungen kann das Unternehmen verkraften, ohne nachhaltig in seiner Existenz gefährdet zu sein?

Wird der Markt freiwillige Verzichte auf möglicherweise schädliche Produktionsverfahren oder Produkte honorieren?

Ist ein langfristig angelegtes Programm zur Darstellung ethischer Ziele durchhaltbar oder treten die im Markt verwertbaren positiven Imagewirkungen überhaupt oder erst dann ein, wenn das Unternehmen bereits in seiner Existenz bedroht ist?

Ist der Rücktritt eines Vorstandes überhaupt der geeignete und ethisch geforderte Weg oder sollte der Vorstand nicht lieber Kompromisse eingehen? Also gesundheitsgefährdende Produktionsverfahren zwar nicht einstellen, aber Gefahrenreduzierungen versuchen und notfalls großzügige Schadensregulierungen vorsehen? Oder den Export wehrtechnischer Güter in bestimmte Länder nicht gänzlich einstellen, aber auf geringere Umfänge oder weniger gefährliche Produkte beschränken?

Ist ein Kompromiß nicht schon deshalb besser, weil der Nachfolger nach einem Rücktritt ethisch eher weniger sensibel ist und denkbare Abmilderungen nicht veranlassen würde? Kann mit dem Bleiben nicht wenigstens Schlimmeres verhütet werden?

2. Die Antwort auf diese Fragen kann nur jeder für sich selbst finden. Es gibt keine Patentlösung, die gerade in Fragen der Marktreaktion oder möglicher Kompromisse Gewißheit über den ethisch richtigen Weg vermitteln könnte. Jeder Kompromiß enthält aber auch das Risiko der persönlichen Kompromittierung und des vielleicht zu billigen Auswegs. Deshalb mag er zwar aus der Sicht eines Dritten angreifbar oder gar verwerflich sein. Er kann aber auch den ethisch richtigen Weg aufzeigen, gerade im Interesse Dritter oder der Allgemeinheit.

3. Der Unternehmer wird also um die richtige Entscheidung ringen müssen. Er wird sich dabei auf Werte zu besinnen haben, die er aus seiner persönlichen Prägung, aus der Tradition und der Kultur seines Landes gewonnen hat. Die Wertorientierung aus christlicher Religion oder abendländischer Philosophie, die Bestimmung der eigenen Position in der modernen Welt, die Sensibilität für die Folgen von getroffenen Entscheidungen zu Produkten oder Verfahren kann niemand dem Unternehmer abnehmen. Er muß sich dabei selbst kritisch prüfen, ob Kompromißbereitschaft zur Minimierung von Schäden nicht in Wahrheit Bequemlichkeit ist oder von der fehlenden Bereitschaft bestimmt wird, die Folgen einer ethisch konsequenten Entscheidung im persönlichen Bereich auch zu tragen.
Schließlich wird der Unternehmer zu bedenken haben, ob seine Wertebestimmung, aus der heraus er eine Entscheidung trifft, nur seine persönliche Meinung darstellt oder ob sie sich aus einer breiten religiösen oder kulturellen Tradition ableiten läßt. Immerhin treffen die Folgen einer Entscheidung oft nicht nur ihn selbst, sondern Dritte, die an der Entscheidungsfindung nicht beteiligt waren. Daher ist die zumindest potentielle Konsensfähigkeit bei den zugrundegelegten Werten von Bedeutung.

Zusammenfassung

Lassen Sie mich die wichtigsten Aussagen noch einmal in Form von zehn Thesen zusammenfassen:

1. Die Marktwirtschaft setzt den Eigennutz des einzelnen bzw. eines Unternehmens dazu ein, eine allgemeine Bedarfsbefriedigung und volkswirtschaftlichen Gesamtnutzen zu stiften.
2. Die Funktionstüchtigkeit der Marktwirtschaft wird durch in der Regel vom Staat gesetzte Rahmenbedingungen gewährleistet. Ein wesentliches Element der Marktwirtschaft ist der Wettbewerb, der u. a. durch allgemein gleiche Bedingungen geschützt werden muß.
3. Wirtschaftliches Handeln in einer Marktwirtschaft ist auch dann nicht verwerflich, wenn der Eigennutz eine wesentliche Triebfeder ist. Es ist ethisch wenigstens neutral. Das Resultat, nämlich eine optimale Bedarfsdeckung zu niedrigen Kosten, ist ethisch positiv zu bewerten.

4. Ethische Prinzipien, deren Wurzeln außerhalb des Wirtschaftslebens liegen, sind jedenfalls dann gegen die Grundprinzipien wirtschaftlichen Handelns weder zu fordern noch durchsetzbar, wenn dadurch die Gewinnerwartungen des Unternehmens nachhaltig beeinträchtigt werden bzw. die Existenz des Unternehmens gefährdet wird.

5. Der Auftrag der Unternehmensführung geht dahin, die Unternehmensziele im Produktions- oder Dienstleistungsbereich so umzusetzen, daß das eingesetzte Kapital bzw. die Substanz des Unternehmens nicht geschmälert, sondern nach Möglichkeit vermehrt wird. Ein (angestellter) Vorstand darf diesen Auftrag nicht verletzen, auch wenn er aus moralischer Überzeugung bestimmte Maßnahmen, Verfahren oder Lieferungen des Unternehmens nicht für vertretbar hält. Er muß dann vielmehr seinen Auftrag zurückgeben und zurücktreten.

6. Es gibt einen breiten Spielraum in der Unternehmensführung, in dem ein Vorstand seine ethischen Überzeugungen durchsetzen kann und darf, wenn er dabei die Substanzerhaltung und die Existenz des Unternehmens nicht aufs Spiel setzt. Je ertragreicher das Unternehmen ist, um so weiter ist auch der Rahmen zur Durchsetzung ethischer Überzeugungen.

7. Unternehmer können und sollen versuchen, ihre ethischen Überzeugungen anderen zu vermitteln, damit sie in das (gesetzliche) Rahmenwerk wirtschaftlichen Handelns aufgenommen werden. Dann wird die ethische Norm verbindlich, schafft gleiche Wettbewerbsbedingungen und unterliegt marktwirtschaftlichen Gesetzen. Das gilt sowohl für den Umweltschutz als auch für die Exportkontrolle wehrtechnischer Güter.

8. Unternehmer können und sollen soweit möglich den Kunden, dem Markt, ihre ethischen Überzeugungen vermitteln. Je mehr der Verbraucher solche Überzeugungen aufnimmt und sich danach verhält – z. B. beim Kauf umweltfreundlicher Produkte –, um so mehr lassen sich ethische Überzeugungen mit marktwirtschaftlichen Mitteln durchsetzen.

9. Die Nutzung marktwirtschaftlicher Prinzipien in ethischen Fragen entwertet nicht moralische Überzeugungen, sondern nutzt die List des Marktes zur Umsetzung des sittlich Guten.

10. Ethik in der Unternehmensführung ist das Ringen um den richtigen Weg. Die dabei zugrundegelegten Annahmen sind mit Unsicherheiten behaftet und bedürfen einer Bewertung. Diese

kann aus dem Wirtschaftssystem allein nicht gewonnen werden, sondern erfordert den Rekurs auf allgemeine, religiöse oder kulturelle Werte und die persönliche Wertefindung.

Amitai Etzioni
Über den Eigennutz hinaus*

1. Einleitung

Als Thomas Hobbes einmal gefragt wurde, warum er einem Bettler etwas gab, ob er das um Christi Gebot willen tue, antwortete er, es sei geschehen »einzig und allein, um sich von seinem elenden Gefühl angesichts des Bettlers zu befreien« (Losco, 323). Diese Aussage spiegelt eine jahrhundertealte Auffassung wider, die von vielen Sozialphilosophen und den Menschen überhaupt, wie auch besonders von der neoklassischen Ökonomie vertreten wurde, nämlich daß sich das menschliche Verhalten anhand des Eigennutzes erklären lasse. Altruistische Handlungen – soweit man sie überhaupt gelten läßt – werden als bloß eine andere Form der Verfolgung des Eigeninteresses hingestellt.

Die Sozialökonomie möchte diesen Denkansatz im Sinne einer deontischen Ethik zurechtrücken, für die es neben dem Eigennutz auch moralische und soziale Wirkkräfte gibt. Diese Ethik legt Argumente und empirisches Material dafür vor, daß die Menschen nicht ausschließlich vom Eigennutz angetrieben werden, sondern wesentlich auch von moralischen Gesichtspunkten. Diese bilden eine Quelle des Handelns und Bewertens, die sich scharf vom Eigennutz unterscheidet und oft zu ihm im Gegensatz steht. In der vorliegenden Arbeit versuchen wir zu zeigen, daß die Anerkennung dieser Unterscheidung im Vergleich zu den nur vom Eigennutz ausgehenden Ansätzen eine fruchtbarere Theoriebildung und bessere Voraussagen ermöglicht und ethisch einleuchtender ist. Im ersten Teil stützen wir uns auf theoretische Argumente. Die folgenden beiden Abschnitte legen zur Stützung dieser Argumente Material über das moralische Verhalten auf dem Gebiet der individuellen und der sozialen Entscheidungen vor. Der Schlußabschnitt geht auf die Konsequenzen der analytischen Einbeziehung dieser moralischen Faktoren für die politische Praxis ein.

* Der Verfasser dankt Judith Lurie und Susan McDougall für ihre Mitwirkung bei der Forschung. Die vorliegende Arbeit stützt sich auf das Buch »The Moral Dimension« (1988) des Verfassers.

2. Überlegungen im Rahmen der Nutzentheorie

Die eigennutzorientierte, »Hobbessche« Betrachtungsweise wird heute von der neoklassischen Schule vertreten, nach der die Menschen einen bestimmten Nutzen zu »maximieren« suchen: ihren Eigennutz, der auch als Lust, Glück und Verbrauch bestimmt wird. Dieser Nutzenbegriff wurde gegen Ende des 18. Jahrhunderts vornehmlich von Jeremy Bentham entwickelt und von den Neoklassikern weithin angewandt; hiernach sind alle »Handlungen auf Lustgewinn und Schmerzvermeidung gerichtet« (Dyke, 31). Dazuhin bewerten viele Utilitaristen die Lust als moralisch positiv: Lust ist »gut«, Schmerz ist »schlecht«.

Eine Analyse dieser Denkrichtung, insbesondere ihrer Theorie des ökonomischen Nutzens, führt auf gute theoretische Gründe dafür, moralische Ursachen von eigennützigen zu unterscheiden. Natürlich erklären der Eigennutz oder die Lust einen erheblichen Teil des menschlichen Verhaltens, und insoweit ist der Nutzenbegriff logisch, angemessen und fruchtbar. Doch die Meinung, alles (oder praktisch alles) Verhalten sei mit Hilfe des beschränkten Begriffs des Eigennutzes erklärbar, ist eine unzulässige Vereinfachung. Viele Handlungen sind entweder angenehm oder moralisch, oft sind sie nicht beides zugleich. Häufig steht die Orientierung des Menschen auf das ihm selbst Angenehme im Gegensatz zur Erfüllung seiner moralischen Pflichten (auf die wir weiter unten näher eingehen). Und wenn man die Orientierung des Menschen auf das ihm Angenehme für moralisch gut erklärt, so ist das ein massives Werturteil, von dem man abrücken und andere Ursprünge des Wertes anerkennen sollte.

Geht man dem Kern des Begriffes des moralischen Verhaltens nach, den Handlungsweisen, die unter ihn fallen, so zeigt sich, daß die Erfüllung moralischer Forderungen und Verpflichtungen, das heißt »das Rechte tun«, ein völlig anderes Gefühl auslöst als die Befriedigung eines der Sinne, die Befriedigung eines persönlichen Bedürfnisses oder eine Verhaltensweise, die »Spaß macht«. Viele moralische Handlungen beruhen sogar ausdrücklich auf einer Absage an das Angenehme im Namen des jeweiligen Grundsatzes. Buße, Verzicht auf vorehelichen Geschlechtsverkehr und Fasten zum Ramadan gelten den meisten Menschen nicht als Quellen des Vergnügens. Gewiß führt die Erfüllung moralischer Forderungen zu einer Art von Befriedigung, man empfindet sich als moralisch wertvoll; doch sie ähnelt eher dem Gefühl nach einem Tag harter Arbeit als der Befriedigung darüber, Arbeit bei voller Bezahlung rasch losgeworden zu sein.

Das Angenehme und die Erfüllung moralischer Verpflichtungen bilden zwar nicht jederzeit und notwendig einen Gegensatz, doch sehr oft ist es der Fall, indem sie konkurrierende Ansprüche an die vorhandenen Hilfsquellen stellen (Zeit, Kraft und Mittel, die in den Dienst einer Handlungsweise gestellt werden, wären oft auch für eine andere nötig, was zum Beispiel im Leben von Eltern, die außerhalb des Hauses arbeiten, eine gewichtige Rolle spielt). Recht oft sind lustorientierte Handlungen und moralische Verpflichtungen auch im Hinblick auf das geforderte und belohnte Verhalten miteinander unvereinbar (etwa wenn Führungskräfte in der Wirtschaft unter starkem Druck stehen, den Gewinn zu erhöhen, aber auch die Spielregeln nicht verletzen sollen; ein Beispiel ist der Einsatz von Gewinnbeteiligungen oder Schmiergeldern, um an Aufträge heranzukommen).

Wenn der herrschende Nutzenbegriff als amoralisch, asozial und grundlegendem beobachtbarem Verhalten widerstreitend kritisiert wird, pflegen die Neoklassiker auf einen davon verschiedenen, aber ebenso bezeichneten Nutzenbegriff zu verweisen, der Dienst am Mitmenschen und Orientierung an moralischen Werten einschließt. Man bedient sich eines einfachen theoretischen Kunstgriffs: Verbrauch und Lust anderer wird zur Lust des Handelnden gemacht, man spricht von »gekoppeltem« Nutzen. Dieser Ansatz versucht im Grunde, Lust und Eigennutz wie auch das entgegengesetzte Verhalten – Sorge um andere und um die Gemeinschaft – mittels der gleichen eigennutzorientierten Begriffe zu erklären. Doch wenn man den Altruismus zum Eigennutz macht, hat man ihn mißverstanden. Sieht man im Eigennutz die Grundlage allen Verhaltens, auch von Selbstverleugnung und Altruismus, so erklärt der gekoppelte Nutzenbegriff zum Beispiel nicht Motive wie den Glauben des Handelnden, die altruistische Handlung sei das Rechte gewesen, ob es ihm nun Annehmlichkeit gebracht hat oder nicht. Der Begriff des gekoppelten Nutzens unterscheidet damit auch nicht mehr zwischen den Präferenzen der Menschen; die moralischen Präferenzen verlieren sich in einer Unzahl anderer; wenn jemand ehrlich sein möchte, so steht das auf einer Ebene damit, daß jemand gern Erdnußbutter ißt (McPherson, 243).

Ferner verletzt eine Erweiterung des Nutzenbegriffs derart, daß er in diesem Fall sämtliche Motive menschlichen Handelns erklärt, eine Regel der brauchbaren Begriffsbildung. Wird ein Begriff so definiert, daß er alle Fälle einer bestimmten Kategorie einbegreift, so vermehrt er nicht mehr die Erklärungsmöglichkeiten. Gemäß diesem Begriff gibt es kein Verhalten, das nicht auf die Maximierung des Eigennutzes des Handelnden gerichtet wäre. Als Folge davon erhellt diese »Theorie« die Motivation nicht mehr. Bringt man jedwedes Verhalten unter die Bezeichnungen »Nutzen« oder »Eigeninteresse«, so erklärt das gar nichts. Der Einblick in die Motive des Verhaltens geht verloren, und der Begriff wird unfruchtbar und tautologisch. Kurz, der neoklassische Ansatz verdünnt die Erklärungskraft des Begriffs derart, daß er völlig bedeutungslos wird. Im Sinne einer brauchbaren Begriffs- und Theoriebildung dürfte es sich also empfehlen, das Streben nach eigener Befriedigung einerseits und nach dem Wohl anderer (oder der Allgemeinheit) aus moralischem Pflichtgefühl heraus andererseits nicht in einen Topf zu werfen.

3. Was ist Moral?

Wenn die Moral eine wesentliche Rolle spielt, wie ist dann zwischen ihr und anderen Faktoren zu unterscheiden? Auch nach mehreren hundert Jahren haben die Philosophen noch keine völlig befriedigende Definition der Moral geliefert. Immerhin stimmen viele darin überein, daß Aussagen als moralische zu betrachten seien, wenn sie vier Kriterien erfüllen. Erstens haben Menschen, die aufgrund moralischer Meta-Präferenzen handeln, das Gefühl, so handeln zu »müssen«. Sie erleben ihre moralischen Handlungen als *Imperative*, als etwas, das man tun müsse, weil man dazu verpflichtet sei. Die meisten Menschen kennen aus ihrer Selbsterfahrung den Unterschied, ob man etwas tut, weil es das Rechte ist, oder weil es angenehm ist.
Die Vorstellung von einem Imperativ wird durch die Beobachtung gestützt, daß für die Menschen gewisse Gebiete einen besonderen, zwingenden Rang einnehmen. Emile Durkheim verweist in seinem Werk über die Arbeitsteilung darauf, daß die Menschen bestimmte Handlungen als »heilig« ansehen (was keine religiöse Bedeutung zu haben braucht). Solche heiligen moralischen

Grundsätze stehen charakteristischerweise der instrumentellen Rationalität entgegen, unter die die Kosten-Nutzen-Analyse fällt: die Menschen fühlen sich verpflichtet, ein Leben zu retten oder Blut zu spenden, ohne die möglichen Gewinne einzurechnen (Goodin, 1980).

Die Notwendigkeit weiterer Kriterien zur Kennzeichnung moralischer Handlungen ergibt sich daraus, daß es auch nichtmoralische Imperative geben kann, etwa die Fixierung auf eine verlorene Liebe oder selbst auf ein Objekt wie eine verbotene Droge oder einen Fetisch. Zwei weitere Kriterien tragen hier zur Abgrenzung moralischer von anderen Imperativen bei (Childress, 1977).

Zweitens nämlich können moralisch Handelnde ihr Verhalten *verallgemeinern* – sie können eine Handlung vor sich und anderen durch Verweis auf allgemeine Regeln rechtfertigen. Aussagen wie »weil ich es haben möchte« oder »weil ich es dringend brauche« erfüllen dieses Kriterium nicht, weil auf nichts Allgemeines abgehoben wird. »Behandle die anderen so, wie du von ihnen behandelt werden möchtest« dagegen ist ein hervorragendes Beispiel einer allgemeinen Regel.

Drittens müssen moralische Grundsätze insofern *symmetrisch* sein, als man bereit sein muß, anderen vergleichbaren Menschen unter vergleichbaren Umständen gleichen Status oder gleiche Rechte zuzuerkennen. (Anderenfalls wird der moralische Grundsatz willkürlich, etwa: »Diese Regel gilt für Hanna, aber nicht für Hans, obwohl es keinen relevanten Unterschied zwischen ihnen gibt.«) Nach diesem Kriterium sind rassistische Ideologien nichts Moralisches, obwohl sie (für ihre Anhänger) zwingend und möglicherweise verallgemeinerbar sind.

Schließlich drücken moralische Präferenzen eine *Verpflichtung* aus im Gegensatz zum Verbrauch von Gütern oder Dienstleistungen. Deshalb sind sie aus sich selbst heraus motiviert und keiner Mittel-Zweck-Analyse unterworfen (Dyke, 11). (Daß es auch aus sich selbst motivierte nichtmoralische Handlungen gibt, macht dieses Kriterium nicht ungültig. Es zeigt nur, daß die Menge dieser Handlungen größer ist als die der moralischen Handlungen, so daß dieses Kriterium für sich allein, wie schon gesagt, notwendig, aber nicht hinreichend ist.) Es wird auch argumentiert, moralische Handlungen als solche seien keine Zwangshandlungen, sondern beruhten auf Überlegungen und Urteilen (was besonders deutlich wird, wenn man sich angesichts widerstreitender moralischer Forderungen entscheiden muß); doch diese Überlegungen sind von anderer Art als Mittel-Zweck-Überlegungen, sie erfordern Urteile über moralische Zwecke.

4. Die Moral in der Persönlichkeitstheorie

Moralische Verpflichtungen, insbesondere absolute, lassen sich von angenehmen Tätigkeiten dadurch unterscheiden, daß Werte oft »verinnerlicht« sind: Die Menschen betrachten Werte als ihr Eigenes und nicht als äußere Bedingungen, denen sie sich lediglich anpassen. Die Verinnerlichung wird als Teil der Sozialisation definiert, bei der der Mensch lernt, »sich in Situationen, die einen Drang zur Übertretung wecken und in denen Aufsicht und Sanktionen fehlen, an Regeln zu halten« (Kohlberg, 483). Der Sozialwissenschaftler führt vielleicht die Entstehung der empfundenen moralischen Verpflichtungen auf die Eltern, die Kultur, auf Gruppen Gleicher (peer groups) oder Bezugsgruppen zurück; doch woher sie auch stammen mögen, wenn die moralischen Verpflichtungen einmal verinnerlicht sind, werden sie zu einem untrennbaren Bestandteil des Ichs. Wer die Verpflichtung empfindet, seinem Land, Gott oder einer Sache zu dienen, der ist fest davon überzeugt – manchmal trotz nachdrücklicher Einwände des Lebenspartners, von Freunden oder Gleichgestellten –, daß er mit diesen Handlungen seinen Wertvorstellungen und Pflichten nachkommt. Das Verhalten des einzelnen hängt davon ab, ob seine Moralvorstellungen von äußerem Zwang oder von seinen persönlichen inneren Werten diktiert sind.

Die Stärke moralischer Verpflichtungen zeichnet sich in Untersuchungen ab, welche zeigen: je mehr der einzelne unter dem Einfluß moralischer Verpflichtungen handelt, desto eher wird von ihm Beständigkeit erwartet (wenn sich die Verhältnisse ändern). Und je mehr er seinem Vergnügen oder Eigennutz nachgeht – etwa indem er Kosten und Nutzen aufrechnet –, desto weniger beständig verhält er sich im allgemeinen. Demgemäß wird von moralischen Verpflichtungen erwartet, daß sie die Lernkurve »strecken« und die Transaktionskosten erhöhen, wenn Veränderungen, die im Sinne der ökonomischen Rationalität liegen, mit moralischen Verpflichtungen unvereinbar sind.

Genauer gesprochen gibt die Lernkurve die Zeitspanne und die

Kosten für eine Leistungsverbesserung wieder. Die Höhe der Lernkosten, die Form der Kurve wird teilweise durch nichtmoralische Faktoren bestimmt (so die Kompliziertheit der zu verarbeitenden Information). Doch wenn alle diese Faktoren gleich sind, ist immer noch ein um so langsameres und mühsameres Lernen zu erwarten, je stärker die moralischen Bedenken gegen das zu Lernende sind.

Entscheidungen, die verhältnismäßig stark mit moralischen Erwägungen »belastet« sind, sind im allgemeinen besonders schwer zurückzunehmen, sie sind besonders »träge« (oder besonders diskontinuierlich) und zeigen einen starken »Schwelleneffekt« (die Hemmung, eine Schwelle zu überschreiten, die das Verhalten vor ihrer Überschreitung »zähe« macht; nach Überschreitung der Schwelle geht der Widerstand weitgehend oder gänzlich verloren).

Der Begriff der »Transaktionskosten« soll zur Erklärung der »Zähigkeit« beitragen, der Tatsache, daß Menschen ihr Verhalten auch dann nicht ändern, wenn es für sie vorteilhaft wäre oder der zu erwartende Gewinn die zu erwartenden Kosten übertrifft. Es zeigt sich, daß mit der Stärke der moralischen Verpflichtung der notwendige Gewinn wächst, der für den Betreffenden mit einer Verletzung seiner stillschweigenden Festlegungen aufgrund veränderter wirtschaftlicher Verhältnisse verbunden sein muß; man trägt dann größeren wirtschaftlichen Verlust, um seinen Verpflichtungen nachzukommen. So gilt es für Professoren als »unschicklich«, im Mai einen Ruf einer anderen Universität für den September anzunehmen (weil man für einen Professor gegen Ende des akademischen Jahres nur noch schwer einen Nachfolger finden kann). Diese Unschicklichkeit gilt in manchen (Elite-?) Universitäten als gravierender als in anderen (Provinz?). Um also einen Professor im Mai von einer Universität der einen Art abzuwerben, müßte man ihm eine größere Gehaltserhöhung anbieten als im Falle einer Universität der anderen Art. Moralisches Verhalten ist also »zäher« als amoralisches.

Moralische Verpflichtungen können auch die von den Ökonomen so genannten »moralischen Nebenkosten« verringern. Genauer: Je stärker die moralische Untermauerung stillschweigender Verträge, desto niedriger die Transaktionskosten, es ist weniger Aufwand für Absicherungen (etwa bei ausbleibenden Lieferungen oder dem Weggehen von Arbeitskräften usw.) und juristische Ver-

fahrensweisen (etwa formulierte Verträge und Prozesse zu ihrer Durchsetzung) nötig.
Wir haben bisher spezielle Situationen diskutiert, doch man kann den gleichen Gesichtspunkt auf ganze Gesellschaften anwenden. Es kann gar nicht genug Polizisten, Buchprüfer und Kontrolleure geben, um mehr als einen kleinen Teil aller Transaktionen zu überprüfen; deshalb verlangen die Wirtschafts- und Gesellschaftsordnungen, daß die meisten Transaktionen auf freiwilliger Befolgung beruhen. Diese wiederum hängt wesentlich vom vergleichsweisen Moralniveau einer Gesellschaft (oder Teilkultur) in einer bestimmten historischen Epoche ab. Ist etwa die Korruption in einer Gesellschaft verbreitet, so beeinträchtigt dies wesentlich die wirtschaftliche Leistungskraft. Anders gesagt: In dem Maße, wie moralische Verpflichtungen dafür sorgen, daß Ressourcen auf die Wirtschaftstätigkeit statt auf Überwachung und Überprüfung verwendet werden können, steigert ein höheres Moralniveau die Produktivität und das Volkseinkommen.
Sozial orientiertes Verhalten wird gefördert, wenn Verletzungen moralischer Verpflichtungen zu Schuldgefühlen führen, die unter anderem zu Wiedergutmachungsverhalten führen. So nahmen in einem Experiment Versuchspersonen, die man zu einer Lüge gebracht hatte, anschließend zweimal so häufig eine mühselige Arbeit auf sich wie Personen, die nicht gelogen hatten (Freedman, 156). Oft sind die Zusammenhänge komplizierter: Eine einzelne Übertretung führt vielleicht zu gewissen Schuldgefühlen, doch erst die Summe mehrerer führt zu einer Reuehandlung. Zu den Verhaltenskonsequenzen gehören Abfolgen oder Zyklen, bei denen auf eine oder mehrere unerlaubte Handlungen Perioden moralisch erlaubten Verhaltens folgen oder verstärktes Streben nach oder Verpflichtung zu »Wiedergutmachung« (oder Sühne) vermittels moralisch positiv bewerteten Verhaltens.
Der Begriff läßt sich auch auf Wohlfahrtsleistungen anwenden. Vorher ist einem eine Mark für die Wohlfahrt vielleicht nur 80 Pfennige wert, aber wenn man einmal einbezogen und als »Wohlfahrtsempfänger« abgestempelt ist, dann ist vielleicht schon die nächste Mark ihre 100 Pfennige wert. Und auch wenn man wieder herauskommt und kein negativ abgestempeltes Einkommen mehr bezieht, bleibt doch von dem schlechten Ruf leicht etwas hängen.
Die neoklassischen Nutzenbegriffe erklären nicht die Ursprünge

der Präferenzen und die Ursachen ihres Wandels. Solche Erklärungen sind aber notwendig, weil die Menschen ihre Präferenzen mit den Bedingungen, denen sie unterworfen sind, ändern.
Verhaltensänderungen können also auf Änderungen der Bedingungen oder der Präferenzen zurückzuführen sein, oft auf eine Verbindung von beidem. Ohne eine theoretische und empirische Erfassung der Entstehung und Dynamik von Präferenzen, bei der moralische Werte eine Schlüsselrolle spielen, ist eine befriedigende Verhaltenstheorie schwer vorstellbar. Die Annahme, die Präferenzen der Menschen seien »fest« oder »stabil« – die im Mittelpunkt der neoklassischen Betrachtungsweise steht, weil sie ihr die Vernachlässigung von Änderungen der Absichten und jener Werte erlaubt, die die Präferenzen beeinflussen –, geht einfach über die elementarsten Beobachtungen des täglichen Lebens hinweg.
Selbst wenn man die grobe Übervereinfachung akzeptiert, daß die Präferenzen festlägen, statt sich ständig zu verändern, kommt doch die Moral in die Entscheidungen hinein wegen der wichtigen Feststellung, daß Entscheidungen keine einfachen, eindimensionalen, auf einen Zeitpunkt (oder eine Zeitspanne) konzentrierten Vorgänge sind, sondern vielmehr etwas Vielschichtiges. Nach der neoklassischen Psychologie sind die Menschen rationale Bündel von Präferenzen und Wünschen; sie sind etwas Einheitliches, von einer beherrschenden Präferenz (gewöhnlich für die »Lust« oder sonst einen einzigen »Nutzen«) angetrieben. Die deontische Psychologie dagegen erkennt auch die moralische Dimension des Menschen an. Es wird zunehmend erkannt, daß der Mensch im Unterschied zum Tier von zwei Präferenzschichten bestimmt ist, deren eine (die Metapräferenz) zur Bewertung der anderen (der gewöhnlichen Präferenz) dient, und daß im Konfliktfall eine wohlbekannte charakteristische Situation entsteht, die sehr gut durch die einfache Aussage »Ich *möchte* eigentlich gern ins Kino gehen, aber ich *sollte* meinen Freund im Krankenhaus besuchen« beschrieben wird. Moralische Werte sind die wichtigste Quelle dieser kritisch prüfenden Metapräferenzen.
Man kann zwar die Kräfte hinter den beiden Präferenzebenen systematisch untersuchen, doch der Ausgang des Konflikts liegt selten ganz auf der einen oder der anderen Seite. Vielmehr ist das menschliche Verhalten häufig konfliktdurchsetzt und nicht wohlgeordnet; Entscheidungen sind vielschichtige Vorgänge. Läßt man den Freund sitzen, so wird man von Schuldgefühlen heimgesucht;

verzichtet man heute auf das Kino, so gewinnt es vielleicht beim nächsten Konflikt mit einer Pflicht mehr Gewicht.

5. Datenmaterial zu privaten Entscheidungen

Bisher haben wir für die Anerkennung einer moralischen Motivation argumentiert, die über den Eigennutz hinausgeht. Im vorliegenden Abschnitt wollen wir dafür empirische Belege und die Alltagserfahrung anführen. Zunächst könnte man fragen, warum etwas Selbstverständliches noch belegt werden soll. Zweifelt denn irgend jemand ernstlich daran, daß sich in einem wesentlichen Teil des menschlichen Verhaltens moralische Verpflichtungen ausdrücken? Doch die Neoklassiker und viele andere haben sich sehr bemüht, zu zeigen, daß so gut wie alles Verhalten durch Lust und Eigennutz angetrieben werde. Altruistische Handlungen werden so erklärt, daß sie »in Wirklichkeit« auf Ansehen, soziale Anerkennung und ähnliches aus seien. Im vorliegenden Abschnitt werden wir zeigen, daß es echtes (selbstloses) altruistisches Verhalten gibt, und an Beispielen den ausgeprägten Einfluß moralischer Gesichtspunkte auf das private Verhalten erhärten.

Ein ergreifendes Beispiel: Nach der üblichen Austauschtheorie haben die Ehepartner von Alzheimer-Kranken keinen Grund, bei ihrem Partner zu bleiben; sie bekommen nichts dafür. Wer an der Alzheimerschen Krankheit leidet (für die es heute noch nicht die geringsten Heilungsaussichten gibt), verliert allmählich das Gedächtnis, angefangen mit Ereignissen und den Namen einfacher Gegenstände, bis nicht einmal mehr die sorgenden Familienmitglieder erkannt werden. Schließlich wird ständige Pflege nötig, es stellen sich Inkontinenz und Bösartigkeit ein. Das bedeutet, daß die Partner sich abmühen und sorgen, ohne eine entsprechende Gegenleistung oder auch nur Dank erwarten zu können, ja, sie werden womöglich noch beschimpft. Trotzdem bleiben die meisten Partner von Alzheimer-Kranken die ganze Zeit bei diesen. »Austausch«-Theoretiker versuchen das vielleicht so zu erklären, daß sie sich noch weniger gern dem bösen Gerede der Nachbarn aussetzen möchten. Doch angesichts der ganzen Unbill, die die Pflege eines Alzheimer-Kranken auferlegt, dürfte dieses Argument kaum überzeugen. Die Menschen bleiben im wesentlichen wohl deshalb, weil es in ihren Augen das »Rechte« ist.

Eine Reihe größerer empirischer Untersuchungen ist zu dem Ergebnis gekommen, daß die Amerikaner auch zunehmend für wohltätige Zwecke spenden. Vertreter der neoklassischen Schule hätten nach der Steuerreform von 1986 einen Rückgang vorausgesagt, denn diese machte jeden Wohltätigkeits-Dollar für den Spender teuerer. Doch 1985 betrug die Summe der wohltätigen Spenden 80,31 Mrd. $, 1988 104,37 Mrd. $, was nach Berücksichtigung der Inflationsrate eine Zunahme von 13,6% bedeutete (Weber, 11, 14). Als die staatlichen Sozialprogramme Anfang der 80er Jahre empfindlich gekürzt wurden, erfuhr die freiwillige Aktivität, wie Umfragen zeigten, während des ganzen Jahrzehnts einen allmählichen Anstieg. 1977 gaben 27% der Amerikaner an, Spenden oder Sozialdienste zu leisten; 1987 waren es 39% und 1989 41% (Public Opinion, 40; Gallup, 20). Alan Wolfe (88) kommentiert: »Vor allem diese Entwicklungen beweisen, daß die heutige Epoche zwar durch ihr Vertrauen auf den Markt, aber nicht durch größere private Knauserigkeit gekennzeichnet sein wird.«
Auch eine beachtliche Menge experimenteller Daten spricht für das Vorhandensein erheblichen altruistischen Verhaltens. Verschiedene Experimente zeigen, daß viele Leute gefundene Brieftaschen mit dem ganzen Bargeldinhalt an Fremde zurückschicken (Hornstein, Fisch u. Holmes, 1986). In einer anderen Untersuchung schickten 64% der Versuchspersonen einen verloren gegangenen Geldbetrag, der für ein »medizinisches Forschungsinstitut« bestimmt war, an dieses weiter (Hornstein, Masor u. Sole, 110). Die Kosten bestanden im Verzicht auf den gefundenen Betrag sowie in Portokosten und der Mühewaltung des Postversands. Und die Belohnung? In der Hauptsache das Gefühl im Inneren, das Rechte getan zu haben. (Weitere Beispiele altruistischen Verhaltens finden sich bei Janis u. Mann, 27, und Schwartz, 283.)

5.1 Moral als Faktor des Wirtschaftsverhaltens

Das empirische Material zeigt, daß die Bindung an moralische Werte auch die Wirtschaftstätigkeit beeinflußt. Nehmen wir das Sparen. Die neoklassischen Ökonomen erklären die Höhe des Sparens hauptsächlich mittels der Höhe des Einkommens (je höher dieses, desto mehr wird gespart), der gewünschten Vorsorge für den Ruhestand und der Höhe des Zinses. Untersuchungen haben aber gezeigt, daß in Ländern mit hohem Einkommen wie den Vereinigten Staaten vergleichsweise weniger gespart wird als in ärmeren Ländern (Internationaler Währungsfonds, 1989). Die genannten Faktoren erklären nur einen Teil der Unterschiede in der Höhe des Sparens; es spielt auch eine Rolle, wie weit man glaubt, Schulden seien unmoralisch, man müsse sparen um des Sparens willen, man dürfe nicht von öffentlicher Unterstützung oder von seinen Kindern abhängig werden, und man müsse seinen Kindern beim »Start ins Leben« helfen.

Viele Forschungen haben gezeigt, daß Firmen nicht ein allein maßgebendes Ziel verfolgen, den Gewinn, sondern daß sie verschiedene Ziele haben; sie maximieren nicht irgendeinen einzelnen Nutzentyp, und von ihrem inneren Aufbau her sind sie aufgespalten und keine einheitlichen Akteure (Herendeen u. Schechter, 1514; Bailey u. Boyle, 50; Monsen, Chieu u. Cooley, 442). Zu den Zielen, unter denen die Führungskräfte stehen, gehört die moralische Vertretbarkeit in den Augen von Gleichgestellten, Subkulturen und der ganzen Gesellschaft. Diese Ziele beschränken sich nur selten auf die Gewinnmaximierung (Donaldson u. Lorsch, 1983). Die neoklassischen Ökonomen lehnen im allgemeinen die Arbeit von Cyert u. March (1963) ab, weil sie sich zu weit vom Prinzip der Optimierung entfernt. Die Arbeit von Wiliamson über Verträge (Transaktionskosten-Ansatz) wird in gewissem Maße anerkannt, weil sie Optimierung mit einer beschränkten Rationalität verbindet. Doch erst nach der Entwicklung des Modells von Prinzipal und Beauftragtem, das Optimierung bei asymmetrischer Information erlaubt, akzeptierte die neoklassische Ökonomie endlich den Gedanken, daß Firmen noch andere Ziele haben können als kurz- oder langfristige (Marktanteil) Gewinnmaximierung (s. Moe, 739-77). Doch das sind lediglich taktische Manöver, wichtige unabhängige soziale oder moralische Firmenziele werden noch immer nicht anerkannt.

Edmund Phelps (5) stellt fest, in der gleichen Welt, in der unsolide Produkte verkauft und alle möglichen Betrügereien begangen werden, finde man auch »maßgebendes altruistisches Verhalten: Mancher Hersteller wirbt für sein Erzeugnis wahrheitsgetreu, obwohl er es nicht müßte; eine Gewerkschaft verzichtet vielleicht auf einen Rechtsbruch, obwohl er ihr etwas einbringen würde; ein freundlicher Metzger verzichtet darauf, zu knapp zu wiegen.« Kenneth Arrow (1975) geht noch einen Schritt weiter und meint, da man gar nicht genug Stützen und Anreize für viele Aspekte der stillschweigenden und ausdrücklichen sozialen Verträge schaffen könne, die den Markt aufrechterhalten (z. B. Vertrauen in das Geld), würde das gesamte Wirtschaftssystem zusammenbrechen, wenn es nicht gewisse sich selbst stützende Einrichtungen gäbe, die sich eben auf die Moral und auf den Staat stützen.

6. Datenmaterial zu kollektiven Entscheidungen

Der Nutzenbegriff wird besonders stark überzogen, wenn er auf »öffentliche Güter« und Handlungen für die Gemeinschaft ausgedehnt wird. Der Begriff des öffentlichen Gutes wurde von Paul Samuelson eingeführt für Güter, die »von vielen gleichzeitig genutzt werden können, ohne daß der Anteil anderer geschmälert wird« (Alchian u. Allen, 99). Hier kann kein Preismechanismus für eine vernünftige Verwendung der Ressourcen oder »ausreichendes Angebot, rationelle Produktion oder das Gemeinwohl« (Arrow, 1974) sorgen. Zu diesen »Gütern« gehört ein großer Teil der Kultur einer Gesellschaft, ihr Erbe, die Verteidigung, der Umweltschutz, ebenso entscheidende Wirtschaftsfaktoren wie große Teile der Wissenschaft und der Infrastruktur. Unter »Handlungen für die Gemeinschaft« verstehen wir z. B. das Wählen oder Dienst an Gemeinschaftsaufgaben.

Staatlicher Zwang und Anreize sind die Hauptmittel, um diesen öffentlichen Gütern Gewicht zu verleihen und Ressourcen zuzuführen. Ein anderes wichtiges Mittel ist die Einschaltung moralischer Verpflichtungen. Mit dem Bürgersinn, der moralischen Verpflichtung gegenüber Gemeinschaftsproblemen meint man das, was Menschen dazu veranlaßt, zu dem öffentlichen Gut etwas beizutragen (eine weitergehende Diskussion dieses Begriffes findet sich bei Janowitz, 1983). Wird er zu Hause nahegebracht, in der Schule gefördert, in den Medien herausgestellt, von freiwilligen Vereinigungen unterstützt und von führenden Persönlichkeiten »offiziell« verkündet, so fühlen sich die Bürger eines Landes verpflichtet, etwas für das Wohl ihrer Gemeinschaft zu tun.

Zahlreiche Experimente unter verschiedenen Bedingungen, die zumeist dem Bürgersinn sehr ungünstig waren, zeigen, daß die

Menschen nicht »schwarzfahren«, sondern freiwillig 40-60% dessen bezahlen, was nach ökonomischen Berechnungen von allen als Gebühr erhoben werden müßte. Und der Hauptgrund: man betrachtet es als »recht« oder »fair«. (Ein Bericht über diese wie auch eigene Experimente findet sich bei Marwell u. Ames, 295-310.)
Eine weitere Versuchsreihe sollte speziell zeigen, daß egoistische Anreize (Ansehen, Gegenleistungen) zur Erzeugung von Zusammenarbeit und Altruismus nicht nötig sind. In einem Experiment setzte man sieben Personen in einen Raum, ohne daß sie miteinander sprechen konnten. Jede bekam 5 Dollar in die Hand, die sie entweder unerkannt für sich behalten oder in eine Gruppenkasse einzahlen konnten mit folgender Maßgabe: Falls insgesamt mindestens vier Personen einzahlten, würde jeder (auch wer nicht eingezahlt hatte) 10 Dollar bekommen; anderenfalls würde niemand (auch wer eingezahlt hatte) etwas bekommen. Wer also nicht einzahlte, würde entweder 15 oder 5 Dollar Gewinn machen, wer einzahlte, entweder 10 oder 0. Das Ergebnis war, daß es in 51% der Gruppen zur Auszahlung kam. Und es wurden 100%, als in einer anderen Form des Experiments eine zehnminütige Diskussion eingeführt wurde (die die innere Verpflichtung auf das Gruppenziel fördern sollte), ehe sich die Versuchspersonen entschieden (Dawes, Orbell u. v. d. Kragt, 1983).
Dawes kommt zu dem Ergebnis, daß Sonderzahlungen (um die Leute »zur Raison zu bringen«) nicht erklären, warum »die Menschen oft auf eigennützige Strategien zugunsten kollektiv günstigerer zu verzichten scheinen. Man haut seinen Nachbarn nicht sofort übers Ohr, wenn man weiß, daß man nicht erwischt würde; Fliegerstaffeln fliegen im Krieg in Formation, obwohl die äußeren Maschinen am ehesten getroffen werden können, und es haben sich schon Soldaten über Handgranaten geworfen, um ihre Kameraden zu retten« (Dawes, 1989, 5).

7. Konsequenzen für die Gesellschaftsgestaltung

Wir vertreten hier *nicht* das Gegenteil der neoklassischen Position; wir behaupten nicht, die Menschen seien völlig gleichgültig gegenüber ihrem Eigennutz. Eine neue Disziplin, die Sozioökonomie, verweist darauf, daß die Menschen gleichzeitig von zwei wichtigen Arten von Faktoren beeinflußt werden: dem Angenehmen und der moralischen Pflicht. Wir meinen nicht, die Analyse moralischer Faktoren sollte die Betrachtung des Eigennutzens *ersetzen*, oder diese sei jedenfalls unangebracht; uns geht es darum, daß die Analyse praktischer Maßnahmen beide Gesichtspunkte anwenden sollte. Diese sozioökonomische Auffassung wird als eine Alternative zum neoklassischen Reduktionismus vorgetragen, der Auffassung, die Menschen handelten nur so lange moralisch, wie es im Sinne ihres Eigennutzens liegt. Und indem wir die menschliche Motivation als *gemeinsam* (von Eigennutz und von moralischen Faktoren) bestimmt betrachten, möchten wir die deskriptive wie auch die normative Grundlage der Analyse der Gesellschaftsgestaltung verbessern.

7.1 Deskriptive Konsequenzen

Das Wählerverhalten liefert ein Beispiel für die sozioökonomische Auffassung. Nach den Neoklassikern gibt es gewöhnlich wenig Grund zum Wählen, weil man nichts dafür bekommt; man kann ja vernünftigerweise nicht annehmen, daß die eine Stimme einen Unterschied herbeiführt. Man wird also nur bei einem Kopf-an-Kopf-Rennen wählen, wenn man den Eindruck hat, daß die eigene Stimme einen Unterschied machen könnte.[1] Es gibt jedoch nur wenig Belege für einen solchen Zusammenhang zwischen der Wahlbeteiligung und der Knappheit des erwarteten Ergebnisses. Und es wählen ja viele Millionen, auch wenn kein Kopf-an-Kopf-Rennen erwartet wird. Als Erklärungs- und Voraussagefaktor stellt sich vielmehr eine moralische Verpflichtung heraus: Man geht wählen, weil man es für seine »Bürgerpflicht« hält (Barry, 17). Möchte man also die Wahlbeteiligung erhöhen, so braucht man nicht ausschließlich oder in erster Linie an Schlangen vor den Wahllokalen, schlechtes Wetter oder gar einen fehlenden Gewinn zu denken, sondern an die Vertiefung der staatsbürgerlichen Bildung.

1 Eine verfeinerte Argumentation, die das Wählen mit der rationalen Entscheidung in Einklang zu bringen versucht, findet sich bei Uhlander (1989). Es würde hier zu weit führen, auf die zahlreichen dort eingeführten Annahmen einzugehen. Doch auch mit deren Hilfe kann der Verfasser lediglich behaupten (390), daß »einige Daten aus neueren Regional- oder Lokalwahlen mit dem Modell übereinstimmen«.

Eine jüngere RAND-Untersuchung der externen Kosten des Rauchens und Trinkens (die also nicht im Preis enthalten sind, etwa die Beeinträchtigung anderer) geht das Problem von beiden Ausgangspunkten her an (Manning et al.). Sie kommt zu dem Ergebnis, daß man vom neoklassischen Standpunkt aus die Raucher nicht für ihre Zigaretten mehr bezahlen lassen sollte, weil die entstehenden Schäden schon mehr als gedeckt werden. (Eine Pakkung Zigaretten erhöht zwar die Kosten im Gesundheitswesen, doch sie verringert die Lebenserwartung um 137 Minuten und senkt damit den Aufwand für Renten.) Auch die Auswirkungen des Rauchens auf die Gesellschaft (z. B. die Passivraucher außerhalb der Familie des Rauchers, oder von Rauchern verursachte Brände) werden nach der Untersuchung durch die Tabaksteuer gedeckt. (Übrigens würden sich die externen Kosten mehr als verdoppeln, wenn die Untersuchung die Auswirkungen auf die Familie des Rauchers einbezogen hätte.)
Nachdem aber die Perspektive der RAND-Untersuchung auf »andere« Kriterien (d. h. faktisch die Moral) ausgedehnt war, verweist sie offen und ausdrücklich auf außerökonomische Gesichtspunkte, die für eine höhere Tabaksteuer sprechen könnten. Nach dieser zweiten Betrachtungsweise kann man es auch dann, wenn man unkritisch davon ausgeht, daß man sich in Privatangelegenheiten nicht einmischen sollte, immer noch mit gewissem Recht als moralisch angebracht ansehen, gegen das Rauchen zu wirken. Die Verfasser verweisen darauf, daß Jugendliche, wenn sie sich zum Rauchen »entscheiden« – und abhängig werden –, oft über die Folgen nicht genügend unterrichtet sind; unterstütze man sie gegen das Rauchen, so liege das faktisch im Sinne ihrer latenten Präferenz (unser Ausdruck). Ferner verrate die Tatsache, daß viele Raucher aufzuhören versuchten, ihren »eigentlichen« Wunsch. Auch wenn man also davon ausgehe, daß man die Entscheidungen der Menschen nicht beeinflussen sollte, wenn sich einmal ihre Präferenzen ausgebildet haben, gebe es eine moralische Rechtfertigung dafür, zu ihren Gunsten im Sinne von Bedürfnissen, die sie selbst äußern, einzugreifen, wenn auch nicht in unmittelbare Entscheidungen (z. B. nicht in das Kaufen von Zigaretten, aber in dem Sinne, daß auch Entwöhnungskliniken »gekauft« werden).
Allgemeiner gesprochen, der neoklassische Ansatz behauptet, wertneutral zu sein, indem er davon ausgeht, daß sich im Verhalten Präferenzen äußern, und daß der Markt die Präferenzen oder

»das, was der einzelne wünscht«, am besten bediene; doch es wird übersehen, daß Präferenzen in großem Maße sozial bedingt sind und somit die Werte, die Kultur und die Machtverhältnisse einer Gesellschaft widerspiegeln. Faktisch drückt sich im Prinzip der »Verbrauchersouveränität« ein Wertsystem und eine soziale, ökonomische und politische Struktur aus – die des entwickelten Kapitalismus. Eine umfassendere Analyse muß die Faktoren einbeziehen, die Präferenzen entstehen lassen und verändern.
Die Abschreckung vor Straftaten ist ein weiteres lehrreiches Beispiel. Die Neoklassiker betrachten die Kriminalität im Sinne einer eigennützigen Kosten-Nutzen-Analyse. Sie behaupten, die Wahrscheinlichkeit des Erwischtwerdens, die Höhe der Strafe und die Größe der Beute – d. h. »Kosten« und »Nutzen« – hingen mit der Häufigkeit vieler verschiedener Straftaten zusammen, Mord und Vergewaltigung eingeschlossen (Andreano u. Siegfried, 1980; Rottenberg, 1979). Über die gezogenen Schlüsse wird methodologisch viel diskutiert, doch das ist hier nicht von Bedeutung. Soweit diese Daten zeigen, daß der Eigennutz in Situationen eine Rolle spielt, die von Trieben beherrscht schienen, liefert die neoklassische Betrachtungsweise eine wichtige Korrektur an der übertrieben sozialen Sicht der Kriminalität, die sich fast ausschließlich mit dem Einfluß der Erziehung, der Gleichaltrigen, der Subkultur und ähnlichem befaßt. Soweit aber die Neoklassiker behaupten, der Eigennutz erkläre alle oder doch die meisten Abweichungen, schießen sie weit über ihre Befunde hinaus (Cook, 1980), und ihre Folgerungen sind dazu angetan, die Politiker in eine falsche Richtung zu lenken.
Beispiele für irreführende Aussagen finden sich bei Paul Rubin (13): »Die Entscheidung zur Kriminalität ist grundsätzlich nichts anderes als etwa die Entscheidung, Maurer zu werden... Der Betreffende betrachtet die jeweilige Bilanz von Kosten und Nutzen und entscheidet sich demgemäß«, oder: »Die Präferenzen verändern sich nicht, und eine Veränderung des [kriminellen] Verhaltens läßt sich durch eine Veränderung der Preise [etwa der Strafen] erklären.« Übersehen wird, daß bei allen Zusammenhängen zwischen den »Preisen« und der Kriminalität doch viele Unterschiede (der Kriminalitätsziffern) unerklärt bleiben, und zwar wohl deshalb, weil moralische und andere soziale Faktoren im Spiele sind. Es wird auch übersehen, daß die »Präferenz« für die Kriminalität, wie jede andere, durch normative und andere soziale Faktoren

beeinflußt wird, etwa dadurch, wie stark die jeweilige Subkultur bestimmte Formen der Kriminalität verurteilt (Grasmick u. Green, 1981).

Ähnlich meint Charles Murray (168): »Zur Straftat kommt es, wenn der zu erwartende Nutzen die zu erwartenden Kosten genügend übertrifft.« Eine solche Formulierung ist nicht nur empirisch unprüfbar (wenn es unter bestimmten Bedingungen nicht zur Straftat kommt, kann man immer sagen, der Nutzen habe eben die Kosten nicht »genügend übertroffen«), sondern sie verführt auch die Politiker zur Vernachlässigung der Rolle von Erziehung, Subkultur, Führern und Vorbildern. Von besonderem Interesse ist hier die Diskussion bei James Wilson (1985) zur Rolle verschiedener »triebbändigender« Bewegungen und Organisationen im Amerika des 19. Jahrhunderts. Nach Wilson brachte es die Industrialisierung mit sich, daß die jungen Leute, die früher die Familie nur verließen, um im Hause und unter der Aufsicht anderer Bauern oder Handwerker zu arbeiten, nun in die Städte in Mietunterkünfte gingen, wo es keinerlei Familienbindungen und Autorität gab. Als Folge davon wurden Verhaltensabweichungen häufiger. Das rief zahlreiche Versuche hervor, die Triebbändigung zu unterstützen und eine innere Kontrollinstanz, Selbstbeherrschung und eine »Persönlichkeit« aufzubauen. Zu nennen sind hier die Sonntagsschulen, der CVJM, Abstinenzlerbewegungen und verschiedene religiöse und weltliche freiwillige Vereinigungen. Manche hatten andere Ziele, und die Triebbändigung war eine willkommene Nebenwirkung; andere zielten unmittelbar und erfolgreich auf die Schaffung von Selbstbeherrschung ab.

Ein weiteres Beispiel: Die Ökonomen empfehlen verschiedene Maßnahmen zur Förderung des Sparens und zur Einschränkung des Verbrauchs, so die Beschneidung der Staatsausgaben (ein wichtiger Antrieb des Verbrauchs) oder Verbrauchssteuern. Beide Maßnahmen haben ihre Kosten. Die erste kann zu einer Wirtschaftsflaute führen, die hohe menschliche und wirtschaftliche Kosten mit sich bringt; die zweite ist regressiv und belastet ungebührlich die Armen. Wenn eine Maßnahme mit Kosten verbunden ist, so bedeutet das nicht notwendig, daß sie nicht wünschenswert wäre. Es zeigt aber, daß man tunlich andere Gesichtspunkte einbeziehen sollte. So würde eine umfassender angelegte Wirtschaftspolitik betonen, daß Schuldenmachen sozial unerwünscht sei, daß es das Gemeinwohl untergrabe und die Zukunft gefährde – wie

eben das Schuldenmachen in den 50er Jahren gesehen wurde. Um einen Wandel der Spar- und Verbrauchsgewohnheiten herbeizuführen, würde dem Präsidenten, den anderen politischen Führern und den Erziehern die Aufgabe zufallen, die langfristigen Perspektiven der Menschen zu verändern. Solche Maßnahmen würden verhältnismäßig wenig kosten, wären nicht regressiv und würden keine Lösung oktroyieren, sondern an die Werte der Menschen appellieren.
Der praktische Aspekt ist der, daß die Verwirklichung bestimmter Programme nicht nur Maßnahmen auf dem Gebiet des Eigeninteresses, von Kosten und Nutzen, von Abschreckung, Anreiz und Polizeitätigkeit verlangt, sondern auch auf dem der Bildung von Präferenzen durch moralische Erziehung, durch die Subkultur Gleichgestellter, durch Gemeinschaftswerte und die Mobilisierung einer dienlichen öffentlichen Meinung – lauter Faktoren, die die Neoklassiker als gegeben hinnehmen. Daher liefern ihre Theorien auch kein analytisches Bezugssystem für die theoretische Erfassung der Bildung und möglichen Umbildung von Präferenzen.

7.2 Soziale und moralische Faktoren des Marktes

Eine typische Empfehlung der neoklassischen Wirtschaftspolitik geht dahin, die Marktkräfte zu stärken, so daß die einzelnen ihre Präferenzen besser verwirklichen können. Der Gedanke der »freien Wahl« wurde in letzter Zeit von mehreren Theoretikern der Sozialpolitik zur »Ordnung« des Bildungswesens propagiert: Die Eltern sollten frei wählen können, welche Schule ihr Kind besuchen soll. Vier US-Bundesstaaten (Arkansas, Iowa, Minnesota und Nebraska) haben die Schulwahl eingeführt, und mehr als die Hälfte zieht sie in Erwägung. Diese Maßnahme wurde als der Eckstein der Gipfelkonferenz Präsident Bushs und der Gouverneure von 1989 zum Bildungswesen bezeichnet (Wall Street Journal, A26).
Dieser Gedanke wurde mit Hilfe eines Verrechnungssystems vorgetestet. Gary Becker (19) hat dieses System beschrieben: »Ein umfassendes Verrechnungssystem würde verlangen, daß die Schulen um die Schüler konkurrieren und ihre Kosten durch Schulgelder decken. Öffentliche Schulen könnten nur dann erfolgreich

konkurrieren, wenn sie die Gewalttätigkeit unterdrückten, Disziplin einführten, die Eltern für sich gewönnen, ein attraktives Lehrangebot machten und die Kosten in Grenzen hielten. Könnte eine öffentliche Schule bei kostendeckendem Schulgeld nicht genug Schüler gewinnen, so müßte sie geschlossen oder an Privat verkauft werden.« (Untersuchungen des Verrechnungssystems stammen von Doyle u. Finn sowie von Areen u. Jencks.)
Gleichzeitig zeigt die Erfahrung mit einem solchen System die Gefahren einer naiven Einführung der Konkurrenz auf Dienstleistungsgebieten, wo die Kenntnisse der Verbraucher beschränkt sind. Es ist für Eltern sehr viel schwieriger, das Bildungsangebot zu beurteilen als etwa eine Konservendose. Wer sich um Kriterien der Entscheidung für eine Schule bemüht, landet im allgemeinen bei meßbaren Größen wie Testergebnissen, die aber großenteils andere, subtilere, tieferliegende, aber höchst wichtige Seiten des Bildungsangebots vernachlässigen wie die Lehrplangestaltung und den Geist einer Schule und ihrer Lehrer.
In diesem Fall ist eine bessere Unterrichtung der »Verbraucher« ein notwendiger, aber nicht ausreichender Schritt auf dem Wege zur Schulwahl. Auch wenn dem Verbraucher alle bedeutsamen Tatsachen bekannt sind, ist es für ihn doch eine schwierige Aufgabe, die Mengen komplexer Information zu bewerten. Gibt man ihm also eine Punktbewertung verschiedener Schulen nach zahlreichen Kriterien in die Hand, so dürfte das wenig Nutzen stiften. (Die Verbraucher werden schon durch die wesentlich einfachere Information auf Lebensmittelpackungen überfordert und stellen beim Einkauf nicht die nötigen Vergleiche an.)
Es bleibt die moralische Frage: Da der Markt auf Kaufkraft reagiert und nicht auf Wählerstimmen, von denen jeder gleich viel hat, sorgt er nie von sich aus für die Ärmeren. Wird er nicht von außen beeinflußt, so versorgt er einfach die Reichen und vernachlässigt die Armen. Das wesentliche Anliegen des öffentlichen Bildungswesens ist natürlich die Überwindung dieser Einseitigkeit des Marktes. Je stärker man sich daher auf die Marktkräfte stützt, desto größer die Gefahr, daß die Armen weniger bekommen als die Reichen. Daher sollte die Schulwahl mit Anstrengungen zur Erhöhung der Mittel für öffentliche Schulen in ärmeren Gebieten verbunden werden.

7.3 Soziale und moralische Faktoren und institutioneller Wandel

Die neoklassischen Analysen pflegen sich auf Transaktionen zwischen Personen oder kleinen Gruppen (wie Haushalte und kleine Firmen) und ihr Zusammengehen auf anonymen Märkten zu konzentrieren, Märkten also, denen keine kollektive Kontrolle zugeschrieben wird. Soweit bei dieser Betrachtungsweise Institutionen überhaupt untersucht werden, sieht man in ihnen im allgemeinen den Ausfluß von Regelungen, die von Einzelpersonen freiwillig und wissentlich im Einklang mit ihren Interessen und Zielen getroffen worden sind. Andere Sozialwissenschaften sahen herkömmlicherweise in den Institutionen den Ausfluß historischer (Makro-)Prozesse, gesamtgesellschaftlicher Werte und Machtbeziehungen. Wir möchten den Einfluß der einzelnen wie auch den der Gesellschaft berücksichtigen. Wir versuchen, die Aggregierungsanalyse mit der Kollektivanalyse zu verbinden, indem wir davon ausgehen, daß kollektive Faktoren den Rahmen abstecken und »Vorgaben« sind, innerhalb derer die einzelnen handeln und die ihrerseits von diesen beeinflußt werden.

Die Bedeutung einer systematischen Berücksichtigung institutioneller Analysen ergibt sich daraus, daß die Institutionen selbst die politische Gestaltung behindern oder unterstützen, und auch wenn man sie nicht zu verändern trachtet, müssen ihre Wirkungen berücksichtigt werden. So hat ein mittelfristiger ökonomischer Plan in den Vereinigten Staaten (etwa der Entwicklungsplan einer Firma), der die wohlbekannten wirtschaftlichen Auswirkungen des von den Präsidentschaftswahlen geprägten politischen Vierjahreszyklus vernachlässigt, weniger Erfolgsaussichten. Unter sonst gleichen Umständen geben die expansiven Tendenzen der Wahljahre ein viel günstigeres wirtschaftliches Klima für ein neues Erzeugnis oder die Erweiterung von Produktionskapazitäten ab als das erste Jahr unter einem neuen Präsidenten und einer neuen Regierung. »Bittere Arzneien« werden gewöhnlich im ersten Jahr verschrieben, daher ist hier das Wirtschaftsklima im allgemeinen rauher. Der politische Zyklus selbst geht auf die Verfassung zurück und ist kein Aggregat individueller Entscheidungen. Auch kann man einer Politik nicht viel Erfolg voraussagen, die Unterschiede zwischen Institutionen übersieht – etwa wenn Rechtspflegefunktionen von der Bundeskriminalpolizei auf lokale Organe übertragen werden sollen, denn in vielen lokalen Polizeiorganisationen ist ein hohes Maß von Korruption institutionalisiert. Gleiches gilt für die Verlagerung von Funktionen von der zentralen Finanzverwaltung oder der Sozialversicherungsverwaltung auf lokale Steuereinnahme – oder Wohlfahrtsinstitutionen.

Neben den verfestigten Zügen bestehender Institutionen und der starken Trägheit und den unabdingbaren Ansprüchen, die sie zu erzeugen pflegen, sollte man aber nicht übersehen, daß Institutionen auch verändert und Maßnahmen dadurch gefördert werden können. Anstelle oder neben Erziehungsanstrengungen, die viele Millionen Amerikaner zu mehr Sparen bringen sollen, kann man die Steuergesetze ändern; unter bestimmten Bedingungen hat auch eine Senkung der Dividenden (etwa durch Erhöhung der nicht ausgeschütteten Gewinne) oder noch besser eine Kürzung der Staatsausgaben die gewünschte Wirkung.

Die Herausnahme der Sozialversicherung aus dem allgemeinen Haushalt und die Überführung ihrer Überschüsse in einen Fonds aus amerikanischen und ausländischen privaten und öffentlichen Wertpapieren könnte die amerikanische Sparrate wahrscheinlich stärker fördern als eine Verdoppelung der Sparbeträge, für die der einzelne einen Steueraufschub bekommen kann. Eine Ergänzung der Verfassung, wonach der Haushalt ausgeglichen sein muß, könnte durchaus etliche neue Probleme schaffen, würde aber den institutionellen Rahmen des Streits um die Verringerung der Staatsverschuldung wesentlich verändern.

Auch für Firmen ist es oft nützlich, neben individuellen Anreizsystemen auch an institutionelle Veränderungen zu denken wie bessere Zusammenarbeit mit den Gewerkschaften (so in den letzten Jahren zwischen General Motors und der Automobilarbeiter-Gewerkschaft), an Arbeitsgruppen zur Qualitätsverbesserung oder Beteiligung an Entscheidungen (Greenberg, 1980). (Keine dieser Reformen bringt mit Sicherheit das gewünschte Ergebnis; die Bedingungen für Erfolg oder Mißerfolg müssen noch genauer erforscht werden.) Man kann darüber streiten, ob die Individuen oder die Institutionen mächtiger sind; doch eines ist klar: die Analyse praktischer Maßnahmen sollte individuelle, aggregierte und institutionelle Faktoren berücksichtigen.

Alchian, A. A., u. William R. Allen, Exchange and Production: Competition, Coordination, and Control, Belmont, CA: Wadsworth, 1977, 1983.
Andreano, R., u. J. J. Siegfried (Hg.), The Economics of Crime, New York: John Wiley, 1980.
Areen, J., u. C. Jencks, Educational Vouchers: A Proposal for Diversity and Choice, in: Teachers College Record 72, 3 (1971), 327-355.
Arrow, K., The Limits of Organization, New York: W. W. Norton, 1974; dt. Wo Organisation endet, Wiesbaden: Gabler, 1980.
–, Gifts and Exchanges, in: E. Phelps (Hg.), Altruism, Morality, and Economic Theory, New York: Russell Sage Foundation, 1975, 13-28.
Bailey, D., u. S. T. Boyle, Sales Revenue Maximization: An Empirical Investigation, in: Industrial Organization Review 5, 1 (1977), 46-55.
Barry, B., Sociologists, Economists, and Democracy, Chicago: University of Chicago Press, 1978.
Becker, G., Business Week, 24. März 1986, 19.
Childress, J. F., The Identification of Ethical Principles, in: Journal of Religious Ethics 5, 1 (1977), 39-68.
Cook, P. J., Punishment and Crime: A Critique of Current Findings Concerning the Preventative Effects of Punishment, in: R. Andreano u. J. J. Siegfried (Hg.), The Economics of Crime, New York: John Wiley, 1980, 127-136.
Cyert, R. M., u. J. G. March, Behavioral Theory of the Firm, Englewood Cliffs, N. J.: Prentice Hall, 1963.
Dawes, R. M., Social Dilemmas, Economic Self-Interest, and Evolutionary Theory, in: Research in Psychology: Frontiers of Mathematics, New York: Springer-Verlag, 1989.
Dawes, R. M., J. M. Orbell, u. A. J. C. van de Kragt, The Minimal Contributing Set as a Solution to Public Goods Problems, in: American Political Science Review 77, 1 (1983), 112-122.
Donaldson, G., u. J. W. Lorsch, Decision Making at the Top, New York: Basic Books, 1983.
Doyle, D., u. C. E. Finn, Jr., Educational Quality and Choice: Toward a Statewide Public School Voucher Plan, Washington, D. C.: US Department of Education, National Institute of Education, 15. November 1983.
Durkheim, E., Über soziale Arbeitsteilung, Frankfurt am Main: Suhrkamp, 1988.
Dyke, C., Philosophy of Economics, Englewood Cliffs, N. J.: Prentice-Hall, 1981.
Etzioni, A., The Moral Dimension: Toward A New Economics, New York: Free Press, 1988.
Freedman, J. L., Transgression, Compliance, and Guilt, in: J. Macaulay u. L. Berkowitz, Altruism and Helping Behavior, New York: Academic Press, 1970.

Gallup Poll, November 1989.
Goodin, R. E., Making Moral Incentives Pay, in: Policy Sciences 12, 2 (1980), 161-178.
Grasmick, H. G., u. D. E. Green, Deterrence and the Morally Committed, in: Sociological Quarterly 22, 1 (1981), 1-14.
Greenberg, P. D., u. E. M. Glaser, Some Issues in Joint Union-Management Quality of Worklife Improvement Efforts, Kalamazoo, MI: W. E. Upjohn Institute for Employment Research, 1980.
Herendeen, J. B., u. M. C. Schechter, Alternative Models of the Corporate Enterprise: Growth Maximization, An Empirical Test, in: Southern Economic Journal 43, 4 (April 1977), 1505-1514.
Hornstein, H. A., H. N. Masor u. K. Sole, Effects of Sentiment and Completion of a Helping Act on Observer Helping: A Case for Socially Mediated Zeigarnik Effects, in: Journal of Personality and Social Psychology 17, 1 (1971), 107-112.
Internationaler Währungsfonds, International Financial Statistics Yearbook, XVII, Washington, D. C.: International Monetary Fund, 1989.
Janis, I., u. L. Mann, Decision Making: A Psychological Analysis of Conflict, Choice, and Commitment, New York: Free Press, 1977.
Janowitz, M., The Reconstruction of Patriotism: Education for Civic Conscieousness, Chicago: University of Chicago Press, 1983.
Kohlberg, L., Moral Development, in: International Encyclopedia of the Social Sciences, Bd. 10, hg. v. D. L. Sills, New York: Macmillan and Free Press, 1968.
Losco, J., Understanding Altruism: A Critique and Proposal for Intergrating Various Approaches, in: Political Psychology 7, 2 (1986), 323-348.
McPherson, M. S., On Schelling, Hirschman and Sen: Revising the Conception of the Self, in: Partisan Review 51, 2 (1984), 236-247.
Manning, W. G., E. B. Keeler, J. P. Newhouse, E. Sloss u. J. Wasserman, The Taxes of Sin: Do Smokers and Drinkers Pay Their Way?, in: Journal of the American Medical Association 261, 11 (1989), 1604-1609.
Marwell, G., u. R. E. Ames, Economists Free Ride. Does Anyone Else?, in: Journal of Public Economics 15, 3 (1981), 295-310.
Moe, T., The New Economics of Organization, in: American Journal of Political Science 28, 4 (1984), 739-777.
Monsen, R. J., J. S. Chieu u. D. E. Cooley, The Effect of Separation of Ownership and Control on Performance of the Large Firm, in: Quarterly Journal of Economics 82, 3 (August 1968), 435-451.
Murray, C. A., Losing Ground: American Social Policy 1950-1980, New York: Basic Books, 1984.
Phelps, E. S., Introduction, in: Altruism, Morality, and Economic Theory, New York: Russell Sage Foundation, 1975, 1-9.

Public Opinion (November/Dezember 1987).
Rottenberg, S., The Economics of Crime and Punishment, Washington, D. C.: American Enterprise Institute, 1979.
Rubin, P. H., The Economics of Crime, in: R. Andreano u. J. J. Siegfried (Hg.), The Economics of Crime, New York: John Wiley, 1980, 13-25.
Schwartz, S. H., Elicitation of Moral Obligation and Self-Sacrificing Behavior: An Experimental Study of Volunteering to be a Bone Marrow Donor, in: Journal of Personality and Social Psychology 15, 4 (1970), 283-293.
Uhlander, C., Rational Turnout: The Neglected Role of Groups, in: American Journal of Political Science 33, 2 (1989), 390-422.
Wall Street Journal (20. Oktober 1989).
Weber, N., Giving USA, AAFRC Trust for Philanthropy, 1989, 11-14.
Wilson, J., Thinking About Crime, verb. Aufl. New York: Vintage Books, 1985.
Wolfe, A., Whose Keeper? Social Science and Moral Obligation, California: University of California Press, 1989.

Niklas Luhmann
Wirtschaftsethik – als Ethik?

Ich muß es gleich am Anfang sagen: es ist mir nicht gelungen, herauszubekommen, worüber ich eigentlich reden soll. Die Sache hat einen Namen: Wirtschaftsethik. Und ein Geheimnis, nämlich ihre Regeln. Aber meine Vermutung ist, daß sie zu der Sorte von Erscheinungen gehört wie auch die Staatsräson oder die englische Küche, die in der Form eines Geheimnisses auftreten, weil sie geheimhalten müssen, daß sie gar nicht existieren.

Dieser Vermutung folgend setze ich meine Analysen auf der Ebene eines Beobachters zweiter Ordnung an. Das heißt: ich beobachte und beschreibe Kommunikationen, die implizit voraussetzen oder auch explizit betonen, daß es eine Wirtschaftsethik gibt, nach der man sich richten sollte. Offensichtlich dient die Form einer Norm dazu, das Geheimnis zu bestätigen und dabei zu verbergen, daß es eines ist, nämlich das Geheimnis selbst geheim zu halten. Denn diese Form erlaubt den Rückzug auf eine Position, die dann sagt, daß es diese Ethik, wenn es sie etwa nicht gibt, wenigstens geben sollte. Und dafür kann man dann in der Tat gute Gründe angeben.

Aber einem nur an Tatsachen interessierten Soziologen erscheint dies eher als eine spezifische Art von Krankheit. Man könnte sie nach einer Diagnose von Ottmar Ballweg[1] »Appellitis« nennen. Sie ist im Prinzip harmlos, keinesfalls lebensgefährlich; aber für den, der davon befallen ist, zeitweise doch recht schmerzhaft. Man sieht das an eigentümlichen Zuckungen und an der Heftigkeit und Insistenz, mit denen der Kranke agiert und andere anzustecken versucht.

1 Siehe: Jahrbuch für Rechtssoziologie und Rechtstheorie Bd. 2 (1972), S. 581, dort als Appellantentum bezeichnet. Ballweg konnte damals nur kleinere Anfälle beobachten. Inzwischen ist die Krankheit so allgemein verbreitet, daß sie unter der Bezeichnung »Ethik« für Gesundheit gehalten wird.

I.

Eine erste Überlegung gilt nun den Tatsachen des historischen Wortgebrauchs. Als Ethik bezeichnet man seit dem auslaufenden 18. Jahrhundert eine akademische Disziplin, die sich mit der Begründung moralischer Urteile befaßt und sich zugleich praktisch für ein entsprechend begründbares Verhalten einsetzt. Vorausgegangen war eine zweitausendjährige Tradition, die unter Ethik die Lehre vom éthos verstand und unter éthos die Perfektionsform des natürlichen Lebens – im Mittelalter dann noch eingeschränkt als natürliche Perfektion der selbstbestimmten Lebensführung im Unterschied von Bedingungen, die vom sozialen Kontext des Hauses (Ökonomik) oder der Zivilgesellschaft (Politik) vorgegeben sind. Daß diese Konzeption aufgegeben werden mußte, hängt sicher mit dem strukturellen Übergang zur modernen Gesellschaft zusammen und muß, trotz aller gegenwärtigen Versuche einer Flucht in diese Vergangenheit,[2] als irreversibel gelten. Denn daß die akademische Ethik ihrerseits an wohlbekannte Schwierigkeiten geraten ist, rechtfertigt es noch nicht, auf noch ältere Konzeptionen zurückzugreifen.

Diese Schwierigkeiten lassen sich an Hand von drei Beispielen – und es dürften die wichtigsten sein – kurz in Erinnerung rufen.

Die erste betrifft die deduktive Unergiebigkeit des kantischen Sittengesetzes. Es führt nicht zu konkreten Handlungsanweisungen. Das haben sowohl Juristen als auch Pädagogen als auch Kunstkritiker (Hugo, Feuerbach, Herbart, A. W. Schlegel) sehr rasch bemerkt und sich statt dessen um eine eher institutionelle und professionelle Absicherung ihres Handlungsbereichs bemüht. Um 1800 war in dieser Hinsicht Einverständnis erreicht.[3]

Die zweite Schwierigkeit betrifft die Erfahrung, daß eine materiale Wertethik, wie sie teils von Neukantianern, vor allem aber von Max Scheler empfohlen wurde, keine Vorsorge für die Regelung von Wertkonflikten enthält. Noch niemandem ist es gelun-

2 Siehe nur Alasdaire MacIntyre, Der Verlust der Tugend, dt. Übers. Frankfurt 1987, oder, stärker elitär, Leo Strauss, The Rebirth of Classical Political Rationalism, Chicago 1989.

3 Daß die Absonderung eines besonderen Begriffs der »Praxis« diesen Schlag abzumildern versuchte, sei zugestanden. Ich nehme aber nicht an, daß mit Wirtschaftsethik heute eine sich in der bloßen Tatsache des Handelns selbst vollendende Praxis gemeint sein kann.

gen, diese vielen unbestreitbaren Werte bzw. Unwerte zuverlässig zu verkabeln – und auch dafür noch Konsens zu finden. Die Werte schließen jeweils nur ihren Gegenwert aus – mit offenen Flanken. Und das heißt, daß die Werte zwar konsensfähige Gesichtspunkte bzw. gesamtgesellschaftliche Einschätzungen markieren, daß aber alle Entscheidungen immer in den Funktionssystemen und ihren Organisationen bzw. privat getroffen werden müssen und hier nur durch das entscheidende System bestimmt sind. Bei wirtschaftlichen Entscheidungen, also durch die Wirtschaft selbst, durch das Unternehmen oder durch den Privathaushalt, der mit knappem Einkommen rechnen muß.

Die dritte Ehtik, die des Utilitarismus, hat ihr Problem in der sozialen Aggregation individueller Präferenzen. Das ist mindestens seit Arrow bekannt.[4] Dem pflegt man zwar durch Hinweis auf den Wittgensteinschen Regelbegriff auszuweichen, der zeigt, daß man von Regeln nur sprechen kann, wenn die Regel in mehr als einem Falle angewandt wird. Dessen Tücke liegt dann aber darin, daß er ein Sprachspiel voraussetzt und nicht anzugeben vermag, welches Sprachspiel im Einzelfall zu spielen ist.

Das sind entmutigende Perspektiven, von denen sich die Ethik-Diskussion bis heute nicht befreien konnte. Sie tragen jedoch dem für die Soziologie wichtigsten Einwand noch gar nicht Rechnung, nämlich der Einsicht, daß schlecht gemeintes Handeln wohltätige Folgen haben kann, während umgekehrt gut gemeintes Handeln oft in den Folgen mißlingt. Daraufhin proklamiert man den Übergang von einer Gesinnungsethik zu einer Verantwortungsethik, die jedoch daran scheitert, daß man die Zukunft nicht kennen kann. So verlagert sich die Diskussion heute auf eine Risikoethik, die aber ihrerseits keine Regeln für die ethisch zu empfehlende, »richtige« Risikobereitschaft entwickelt hat, sondern auf die inzwischen hochpolitisierte Diskrepanz zwischen den Perspektiven der Entscheider und der Betroffenen aufläuft. Daraufhin hat man kurze Zeit auf Verfahren der gemeinsamen Beratung, auf »Prozeduralisierung«, auf Partizipation gesetzt – nur mit dem Resultat, daß inzwischen auch diese Hoffnung ruiniert ist.[5]

Ob man in diesem akademischen Trümmerhaufen noch reparable

4 Siehe Kenneth J. Arrow, Social Choice and Individual Values, New York 1951.

5 Vgl. hierzu Niklas Luhmann, Soziologie des Risikos, Berlin 1991.

Objekte finden kann, mag man bezweifeln. Die Kenner halten sich auffallend zurück.[6] Worauf immer Ethik sich beziehen soll: auf die Perfektionsform menschlicher Lebensführung oder auf als gut begründbare Regeln: sie kann nicht länger einseitig am Guten orientiert sein. Die Frage ist vielmehr, ob und unter welchen Umständen es sinnvoll oder gar geboten sein könnte, sich an der *Unterscheidung* von gut und schlecht bzw. gut und böse zu orientieren. Es könnte ja sein, daß die Wahl dieses Beobachtungs- und Beurteilungs*schemas* so gravierende Konsequenzen hat, daß die Ethik eher zur Vorsicht raten müßte.[7] Wenn überhaupt eine reductio ad unum in Betracht kommt, wenn also überhaupt der Code der Moral noch als Einheit behandelt werden kann, dann nicht als »das Gute«, sondern als die Paradoxie, auf die man stößt, wenn man nicht entscheiden kann, ob die Unterscheidung von gut und schlecht ihrerseits gut ist oder schlecht.[8]

Vielleicht steckt dieses Problem hinter den ganz offenkundigen Artikulationsschwierigkeiten der Branche Ethik. Zumindest eine Forderung drängt sich zwingend auf: Bei allen Diskussionen über Ethik im allgemeinen und über Wirtschaftsethik im besonderen sollten die Protagonisten sich gehalten fühlen, genau zu sagen, was sie meinen und welche Regeln sie unter der Bezeichnung Ethik für moralisch begründbar halten. Diese Forderung ist ihrerseits kein (in diesem Falle wäre das ein paradoxes) ethisches Gebot, sondern schlicht eine Frage des Interesses an der weiteren Beteiligung an solchen Diskussionen. Ich suche schon die Wagenschlüssel in meiner Tasche.

6 Siehe etwa Wolfgang Kluxen, Moralische Aspekte der Energie- und Umweltfrage, Handbuch der christlichen Ethik, Bd. 3, Freiburg 1982, S. 379-424.

7 Das entspricht der Verlagerung logischer Problemstellungen (vor allem auch solcher der Du-Subjektivität) auf die Ebene transjunktionaler Operatoren, wie man sie bei Gotthard Günther findet. Siehe z. B. Cybernetic Ontology and Transjunctional Operations, in: ders., Beiträge zur Grundlegung einer operationsfähigen Dialektik, Bd. 1, Hamburg 1976, S. 249-328. Hier geht es dann nur noch um die Frage, ob positiv/negativ-Unterscheidungen eines Beobachters erster Ordnung akzeptiert oder rejiziert werden.

8 Für die Ethik im üblichen Sinn ist das keine Frage, für sie versteht es sich von selbst, daß es gut ist, zwischen gut und schlecht zu unterscheiden.

II.

Aber als Beobachter zweiter Ordnung hat man Interesse an Milieus, an Seltsamkeiten, an Versuchen, herauszubekommen, warum andere nicht sehen, daß sie nicht sehen, was sie nicht sehen.

Bei einem erneuten Durchgang durch das Thema empfiehlt sich eine andere Problemstellung, nämlich die Frage, wieso Ethik und in ähnlicher Weise auch Kultur heute in aller Munde ist. Wieso sich Wertpapierfonds Ethikfonds nennen, um zu suggerieren, daß man hier gutes Geld mit gutem Gewissen verdienen könne; und weshalb überhaupt die Wirtschaftsführung nicht nur auf Börsennotierungen, Profite und Marktanteile blickt, sondern darüber hinaus auch das Bedürfnis hat und ihm nachgibt, sich verbal mit der öffentlichen Meinung zu arrangieren.

Solche Ethikwellen stellen seit der Einführung des Buchdrucks jeweils am Ende eines Jahrhunderts ein – so als ob dann die Zeit sei, in einer Art prophetischem Rückblick mit den Tendenzen des Jahrhunderts abzurechnen.[9] Ein Moralisieren liegt ja besonders dann nahe, wenn Situationen, für die andere verantwortlich sind, als pathologisch empfunden werden. Man mag hier an die letzte Blüte von Adelstheorien in der zweiten Hälfte des 16. Jahrhunderts denken, die aber weder mit dem Tridentinum, noch mit der Zentrierung aller Entscheidungssouveränität im modernen Staat zurechtkam; oder an die am Ende des 17. Jahrhunderts aufkommende Diskrepanz zwischen öffentlich und privat, Darstellung und Aufrichtigkeit, Staatsaffairen und der »liberty of the club« (Shaftesbury); oder an den am Ende des 18. Jahrhunderts sichtbaren, mit der Französischen Revolution besiegelten Zusammenbruch der Adelsgesellschaft; oder an die Fragen, die man am Ende des 19. Jahrhunderts an die notwendigen Beschränkungen des wirtschaftlichen Gewinnstrebens bzw. des politischen Imperialismus zu stellen hatte. Und wer wollte bestreiten, daß die Situation heute, mit anderen Themen zwar, recht ähnlich ist. Und da es keine in die Zukunft blickende Prophetie geben kann, das werden mir Theologen bestätigen, kommt es eben zu einer Rückschau auf die Versündigungen des Jahrhunderts.

9 Siehe dazu Niklas Luhmann, Paradigm lost: Über die ethische Reflexion der Moral, Frankfurt 1990.

An Themen des Nachdenkens fehlt es auch heute nicht. Die ökologischen Konsequenzen der technischen Ausstattung der modernen Gesellschaft sind in aller Munde. Ebenso die hohen Risiken moderner Technologien und die Probleme ihres »containment«. Ferner die nicht abnehmenden, sondern zunehmenden Diskrepanzen zwischen Industrieländern und peripheren Ländern der modernen Gesellschaft. Auch die Unfähigkeit der Staatenwelt, die Kriegsgefahr wirksam zu bannen, und die Unfähigkeit der Wirtschaft, ihre Überproduktion, vor allem in der Landwirtschaft, dorthin zu schaffen, wo Hunderttausende an Hunger sterben oder auch nur: anlagebereites Geld zur Investition zu bringen. Und nicht zuletzt: der Zusammenbruch des sozialethischen Riesenexperiments dieses Jahrhunderts, des Sozialismus, und die eher dürftige Erklärung, dies liege an der Überlegenheit der Marktwirtschaft. Aber wenn dies die Themen sind: wo ist die Ethik, die darauf antworten könnte? Oder wird etwa Ethik gerade deshalb als Medizin verschrieben, weil sie zwar nicht heilt, aber den Juckreiz der Probleme verringert?

Was nun speziell die Wirtschaft betrifft, so darf zunächst daran erinnert werden, daß bereits Adam Smith mit dem Versuch gescheitert war, die Wirtschaft als Anwendungsfall seiner Theorie der moralischen Sympathie zu behandeln. Nachträglich sah er denn auch ein, daß es wohl besser sei, dem Schuster einen angemessenen Preis zu bieten als sich auf dessen moralische Gefühle zu verlassen. Ein gewisses Unbehagen bleibt – vor allem, weil es der Wirtschaftstheorie anscheinend genügt, Akteure, Handlungen, Objekte, Interaktionen und deren Voraussetzungen in quantitativen terms, bezogen auf Eigentum, zu beschreiben – als Kapital, Kreditmargen, Preise usw. Und daß es, was besonders Marx enerviert hatte, ausreiche und sogar rational sei, Materialkosten, Geldkosten und Arbeitskosten schlicht zu bilanzieren, um zu sehen, ob und wie ein Unternehmen unter gegebenen Marktbedingungen rentabel geführt werden könne. Aber wie, um Himmels willen, soll man dies nun mit Ethik korrigieren? Durch Einfügung eines Sonderkontos Ethik in die Bilanz?

Ein anderes Beispiel könnte man dem Organisationsbereich der Wirtschaft entnehmen. Es ist klar, daß hier jede Hierarchie zirkulär kurzgeschlossen wird. Das hebt die alte Form von Herrschaft auf, die nach Hegel darauf beruhte, daß nur der Knecht, nicht aber der Herr, beobachten mußte, wie er beobachtet wurde. Diese

Herren, die nur als Beobachter erster Ordnung fungierten, es also nur mit Objekten zu tun hatten, gibt es heute nicht mehr, oder wenn, dann nur als Anomalien, als Anachronismen. Die modernen Führungslehren betonen, daß auch und gerade die Chefs lernen müssen, zu beobachten, wie sie beobachtet werden.[10] Aber die Hierarchie der Positionen und Verantwortungen bleibt; und sie wird vermutlich in Organisationen, in denen risikoreiche Entscheidungen anfallen, eher noch zunehmen.[11] Nicht ohne gute Gründe kann man vermuten, daß Organisationen im Vollzug einer solchen Beobachtung des Beobachtens und des Beobachtetwerdens noch konservativer werden, als sie es ohnehin schon sind, und dann Risikoprobleme mit einer Art konspirativem »illusion of control« angehen werden.

Logisch informierte Theorien sagen hierzu, daß es bei derart zirkularisierten, verwickelten Hierarchien zur »Gödelisierung« kommt, das heißt: zum Griff nach externen Referenzen. Das könnte die Faszination durch Ethik erklären. »Supertangling creates a new inviolate level«, liest man in einem nicht zufällig

10 Siehe etwa Heinz von Foerster, Principles of Self-Organization in a Socio-Managerial Context, in: Hans Ulrich/Gilbert J. B. Probst (Hg.), Self-Organization and Management of Social Systems: Insights, Promises, Doubts, and Questions, Berlin 1984, S. 2-24, oder aus der Sicht eines Unternehmensberaters Rudolf Wimmer, Die Steuerung komplexer Organisationen: Ein Reformulierungsversuch der Führungsproblematik aus systemischer Sicht, in: Karl Sandner (Hg.), Politische Prozesse in Unternehmen, Berlin 1989, S. 131-156. Auf Grund älterer Vorlagen (siehe nur Tom Burns, Micropolitics: Mechanisms of Institutional Change, in: Administrative Science Quarterly 6 (1961), S. 257-281, anhand von Untersuchungen in der britischen Elektronic-Industrie mit turbulenten Marktlagen) spricht man heute vermehrt von »mikropolitischen« Ansätzen in der Organisationsforschung. Siehe nur Günther Ortmann et al., Computer und Macht in Organisationen: Mikropolitische Analysen, Opladen 1990, mit speziellem Interesse an Risikofragen.

11 Siehe den Forschungsüberblick bei James G. March/Zur Shapira, Managerial Perspectives on Risk and Risk Taking, in: Management Science 33 (1987), S. 1404-1418. Zur Zeit ist allerdings die Forschung noch zu sehr auf Einstellungen individueller Manager zu Risiken und nicht hinreichend auf organisationsinterne Erwartungsstrukturen bezogen.

zum Bestseller avancierten Buch.[12] In der Rechtstheorie genießt Ronald Dworkin hohes Ansehen, weil er meint, das Rechtssystem komme mit Regeln nicht aus, es müsse sich auch nach Prinzipien richten – und damit sind gemeint: moralische Prinzipien mit unmittelbarer Rechtsgeltung.[13] Das heißt aber: ein »jumping out of the system«[14] kommt nicht in Frage, und es ist deshalb auch weniger wichtig, ob es solche »inviolate levels« tatsächlich gibt. Es genügt, daß man sich systemintern auf sie beziehen kann – so wie in der Logik heute alles, was nicht beweisbar ist, als Axiom geführt werden kann, auch dann, wenn es sich nicht an eigener Evidenz legitimiert. Es wird nur für die Fortsetzung der Operationen benötigt.

Also fahren Manager zu Tagungen und Fortbildungskursen, lassen sich über Kultur und Ethik oder »ganzheitliches Denken« belehren, üben sich in Meditation oder in seltsamsten Arten des survival training. Ein wachsender Dienstleistungsmarkt scheint sich hier zu entwickeln, und Ethik mitten mang. Weil es funktional ist, funktioniert es auch. Ob sich irgendetwas davon auf Entscheidungen auswirkt, ist eine offene Frage.[15] Erst recht mag man sich fragen, ob bei Entwürfen einer Ethik für »die Wirtschaft« auch und in gleichen Anteilen an Pförtner und Aktionäre, Arbeiter, Gewerkschaftler und Konsumenten gedacht ist, also direkt oder indirekt an jede wirtschaftliche, an Zahlungen gebundene Transaktion. Oder geht es nur um Empfehlungen für die Selbstdarstellung der Manager?

Aber selbst wenn auf diese Weise und in etwas anderer Phrasierung nur das entstünde, was Jean Paul den »echten *Schein* der

12 Siehe Douglas R. Hofstadter, Gödel, Escher, Bach: An Eternal Golden Braid, Hassocks, Sussex UK, 1979, S. 688; dt. Stuttgart, 11. Auflage 1988.

13 Siehe Ronald Dworkin, Taking Rights Seriously, Cambridge Mass. 1978; dt.: Frankfurt am Main 1984; ders., A Matter of Principle, Cambridge Mass. 1985; Law's Empire, Cambridge Mass. 1986. Daß dies eher amerikanischem als englischem Rechtsdenken entspricht, also durchaus nicht als typisch fürs common law genommen werden darf, zeigen Patrick S. Atiyah/Robert S. Summers, Form and Substance in Anglo-American Law: A Comparative Study of Legal Reasoning, Legal Theory, and Legal Institutions, Oxford 1987.

14 A.a.O.

15 Aus vielen skeptischen Stimmen siehe nur Uwe Doll, Seelen-Balsam für Manager, in: Innovatio Heft 7 (1991), S. 26-28.

Tugend« genannt hatte,[16] könnte darin ein Fortschritt liegen – und auch Jean Paul sah es so: ein Fortschritt gegenüber dem unzivilisierten Betragen einer älteren Zeit.

III.

Freilich läßt diese eher wissenssoziologische Analyse alle ernsthaften Theoriefragen offen. Die Frage bleibt, ob Ethik diejenige Theorieform ist, mit der man angemessen auf die Lage der Gesellschaft am Ende dieses Jahrhunderts reagieren kann. In den guten Absichten der Ethik-fans könnten sich schlimme Folgen verbergen, nämlich eine Ablenkung von allen ernsthaften Versuchen, die moderne Gesellschaft und in ihr das Funktionssystem Wirtschaft zu begreifen.

Man sollte sich nicht zu sehr darauf verlassen, daß diese Aufgabe bei den so erfolgreichen Wirtschaftswissenschaften in den besten Händen ist. Aus der Distanz soziologischer Theorie fragt man sich vielmehr, ob es nicht eine realitätsnähere Beschreibung der Wirtschaft geben könnte als die der gegenwärtig vorherrschenden mathematischen Darstellung hochaggregierter Daten. Und wenn es sie geben könnte: Läge dann nicht eine Lösung für die Orientierungskrisen der Wirtschaft eher in der Orientierung der Wirtschaft an der Wirtschaft selbst als in der Orientierung an Ethik?

Daß die von außen ansetzende Organisationsberatung heute kaum noch in den Händen der Betriebswirtschaftswissenschaft ist (was diese kann, können die Firmen selber), gibt zu denken. Offensichtlich gibt es – trotz einer bemerkenswerten, das Paradox streifenden Klassik in dieser Frage[17] – keine ausreichende Behandlung der Probleme des Beobachtens des Beobachtens. Makroökonomisch wird dies Problem mit Hilfe von Preisen gelöst.[18] Daß *dies* Problem *so* gelöst wird, hat weitreichende Folgen. Organisationsintern besagt dies jedoch wenig; denn wie man seit langem

16 Hesperus, zit. nach Werke (Hg. von Norbert Miller), Bd. 1, München 1960, S. 471-1236 (803).

17 Zu denken ist vor allem an Oskar Morgenstern, Vollkommene Voraussicht und wirtschaftliches Gleichgewicht, in: Zeitschrift für Nationalökonomie 6 (1935), S. 337-357.

18 Siehe dazu Dirk Baecker, Information und Risiko in der Marktwirtschaft, Frankfurt 1988, insb. S. 199 ff.

weiß, ermöglicht der Markt keine direkten Rückschlüsse auf richtige Organisation. Man darf sich daher auch nicht wundern, daß Firmen, die im Technologiebereich innovativ gestimmt sind, in Organisationsfragen zur Konservierung der vorhandenen Strukturen neigen.[19] Es wird über »Führungsstile« diskutiert; aber uns verrät schon die Verwendung des Stilbegriffs, daß es an theoretischer Durchdringung des Themas fehlt.

Ähnliche Schwierigkeiten deckt man auf, wenn man die Frage stellt, was es an Wissen gibt, um den *richtigen Zeitpunkt* für Entscheidungen ausfindig zu machen. Auch dies ein klassisches, früher unter »prudentia« abgehandeltes Thema. Es stellt sich heute verschärft in einer Gesellschaft, in der man ohne viel Übertreibung behaupten kann, daß alles, was zweckmäßig ist, nur im Moment zweckmäßig ist. In der Zentralbankpolitik mag man solche Strukturen erkennen. Versuche zur Steuerung der Wirtschaft müssen offenbar mit labileren Bedingungen und rasch widerrufbaren Entscheidungen arbeiten und mit Situationen, in denen schon die Mitteilung von Einschätzungen und Absichten Effekte hat im Sinne einer sich selbst erfüllenden oder untergrabenden Prognose. Prognosen haben unter diesen Umständen nur den Sinn, die Gesichtspunkte zu spezifizieren, die im nächsten Moment ihre Korrektur veranlassen werden.

Das mag für die Geldpolitik gelten und hier wie eine Touring-Maschine funktionieren, in der der eigene Output laufend als Input verwendet wird. Im Verhältnis zu dieser höchsten Labilität ist aber die Wirtschaft in ihren Sektoren Produktion und Arbeit außerordentlich träge. Das zeigt sich bei Versuchen, die Reste der sozialistischen Wirtschaftsimperien auf Marktwirtschaft umzustellen. Oder bei Versuchen, eine Wirtschaft, in der mit Inflation gerechnet wird und dies in die Finanzstruktur der Unternehmen und der Haushalte eingebaut ist, von diesem Übel mit Hilfe monetaristischer Politikmittel zu befreien. Daß dies nicht gelingt, zeigt sich gegenwärtig in Brasilien. Die Einstellungen stellen sich nicht auf die Maßnahmen ein.

Ein weiteres Problem liegt im hohen Maß an spekulativer im Vergleich zu investiver Verwendung von Geldmitteln. Schätzt man das Verhältnis Tag für Tag 10:1, wird man nicht ganz falsch liegen.

19 Siehe für den Fall der Anschaffung von Datenverarbeitungssystemen Ortmann et al., a.a.O. (1990).

Und es kommt hinzu, daß Investitionen mehr in den Konsumgüterbereich gehen als in den Infrastrukturbereich. Man weiß inzwischen, daß die sozialistische Wirtschaftsplanung solche Fragen nicht besser lösen, ja nicht einmal sehen konnte, da sie Informationen nur im Schema Erfüllung/Nichterfüllung ihrer eigenen Planziele wahrnehmen konnte. Daß dies gescheitert ist, befreit uns aber nicht von eigenen Sorgen.
Viel von diesen Problemen geht darauf zurück, daß wir wirtschaftliche Rationalität nur an Hand von unternehmensspezifischen Bilanzen erkennen können, und auch dies nur bei ausreichender Differenzierung von Unternehmen und Markt. Rationalität fällt also in detaillierten, aber eben kleinen Formaten an. Das besagt auch, daß die Geldpolitik nur die Möglichkeit hat, auf Grund des jeweils historisch bestimmten augenblicklichen Zustands des Systems ausgleichend zu wirken. Die Beobachtungsinstrumente sind dann hochaggregierte Daten, die niemanden sonst in der Wirtschaft interessieren. Außerdem wachsen in der neueren Literatur die Zweifel, wenn nicht an Rationalität, so doch an Rationalisierung; und dies in zwei Hinsichten: was gesamtgesellschaftlichen Fortschritt betrifft und was die Motivation zum Handeln betrifft.[20] Auch das mag dann Rückfragen an »Ethik« motivieren: daß man nicht mehr unbefangen davon ausgehen kann, die Rationalität des wirtschaftlichen Optimierens im Verhältnis von Zweck und Mittel sei aufs Ganze gesehen rational. Wenn aber nicht: was dann?
Solche Probleme resultieren, direkt oder indirekt, aus den Rahmenbedingungen des Wirtschaftssystems der modernen Gesellschaft, und zwar genauer: aus der Ausdifferenzierung und der operativen Schließung des Systems mit Hilfe des Mediums Geld. Wie weit ein solches »disembedding« faktisch gelingt,[21] ist eine berechtigte Frage – besonders für Fälle, in denen die Wirtschaft

20 Zu letzterem zum Beispiel Nils Brunsson, The Irrational Organization: Irrationality as a Basis for Rationality and Change, Chichester 1985; ders., The Organization of Hypocrisy: Talk, Decision and Actions in Organizations, Chichester 1989.

21 Siehe Karl Polanyi, The Great Transformation (1944), zit. nach der deutschen Übersetzung (unter demselben Titel) Frankfurt 1978. Vgl. auch Marc Granovetter, Economic Action and Social Structure: The Problem of Embeddedness, in: American Journal of Sociology 91 (1985), S. 481-510.

das Subsistenzniveau der Bevölkerung nicht mehr halten kann (also in der Sprache des frühen 19. Jahrhunderts »Pauperismus« erzeugt) oder gar die Gesellschaft selbst auf Exklusion großer Bevölkerungsteile aus praktisch allen Funktionssystemen beruht. Wir belassen es auch hier bei der Formulierung eines Problems.

Um zu der Frage zurückzukehren, ob Ethik hier die richtige Adresse ist. Man könnte daran denken, wenn es doch um externalisierende Referenz geht, statt dessen den Traditionsbegriff der »politischen Ökonomie« wiedereinzuführen. Oder besser noch: daran zu denken, daß die Wirtschaft als Funktionssystem *in der Gesellschaft* operiert und gerade diesem Umstand ihre eigene Autonomie, operative Geschlossenheit, Eigendynamik verdankt. Vor dem Hintergrund einer in den Finanzmärkten, aber auch auf Firmenebene rasch sich verdichtenden Internationalität müßte diese Reflexion von Volkswirtschaften auf Weltwirtschaft und damit auf Weltgesellschaft umgestellt werden.

Die Ethiker werden versucht sein, es sich leicht zu machen und zu sagen, das sind nicht unsere Probleme. Sie werden in die Welt des Sollens flüchten. Aber wir haben es mit realen Problemen zu tun. Und jede, auch nur ganz oberflächliche Analyse zeigt, daß dies Strukturprobleme sind, die nicht auf die Art und Weise der Ethik gelöst werden können. Ethik wendet sich immer an individuelles Verhalten – oder jedenfalls ist diese Vorstellung seit dem Mittelalter mit dem Begriff der Ethik verbunden. Schon im Organisationsbereich hat die Organisationstheorie (selbst in ihren wirtschaftswissenschaftlichen Varianten) aber die Vorstellung der individuellen Unternehmerentscheidung aufgegeben. Entscheidung ist das, was bei Kommunikationsprozessen innerhalb organisierter Systeme herauskommt; und Teilentscheidung ist das, was den Entscheidungsprozeß in Episoden gliedert und vorantreibt; und all dies unweigerlich im Modus der Beobachtung zweiter Ordnung. Es spricht nichts dagegen, solche Prozesse mit Sollwerten ethischer Art zu unterfüttern; oder auch, wie in den Professionen, zumindest »unethisches« Verhalten zu markieren und auszugrenzen.

Aber gibt es eine solche, dicht an den Problemen operierende Ethik schon? Und wenn, ist es mehr als das, was man in der Soziologie früher als »grassroots« oder als »informale Organisation« bezeichnet hatte?

Ich würde mich freuen, darüber etwas mehr und vor allem: Genaueres zu hören.

IV.

Ein letzter erstaunter Blick soll der Beobachtung gelten, daß sich ausgerechnet Theologen für Ethik und sogar für Wirtschaftsethik interessieren. Wieso das?

Ob die Schlange wirklich der Teufel war, ist zwar heute schwer festzustellen. Möglicherweise war es ein practical joke Gottes mit dem Ziel, die Menschen nach der Schonphase des Paradieses mit den wirklichen Sachverhalten des Unternehmens Schöpfung zu konfrontieren. Wie immer, es spricht viel dafür, daß die Moral vom Teufel ist. Das gilt insbesondere für ihre Ausprägung als Gerechtigkeit, wie sie schon im Mittelalter als Sache des Teufels angesehen wurde, dem dann die trickreichen Seelenrettungsaktivitäten Mariens gegenüberstanden, während Gott der nicht unterscheidende, nicht vergleichende, intuitive Zugriff auf den Einzelfall vorbehalten blieb. Schon damals hatte aber die Theologie Schwierigkeiten mit diesem Problem. Die Beobachtungsweise Gottes, heißt es zum Beispiel bei Nikolaus von Kues, ist nicht auf Unterscheidungen angewiesen. Gott sei »ante omnia quae differunt«.[22] Es gibt viele Erläuterungen dieser These. Gott sei weder Ursprung noch Nicht-Ursprung, weder Sein noch Nicht-Sein, weder Unterschiedenheit noch Nicht-Unterschiedenheit.[23] Ich kenne keine Stelle, in der es hieße, Gott sei weder gut noch böse, sondern auch gegenüber Moral indifferent.

Die Ehe von Theologie und Moral ist zwar kirchlich getraut worden, aber sie ist unglücklich verlaufen und unfruchtbar geblieben. Jedenfalls ist sie zutiefst unreligiös. Religion gibt die Kraft, das, was man tut, für gut zu halten; und sie gibt zugleich eine Möglichkeit, dies zu kommunizieren. Es mag sich um Hexenverfolgungen oder um terroristische Aktivitäten, um das Managen eines Hotels oder um politische Einsätze für Benachteiligte handeln, um das Entdecken immer neuer Sterne, obwohl ihre Zahl bereits riesig ist, oder um die Einrichtung verkehrsberuhigter Straßen, wo die Autos nachts gegen unbeleuchtete Betonkästen fahren. Die Ethik scheint von der Illusion zu leben, daß es dafür gute, letztlich überzeugende, intersubjektiv stichhaltige Gründe geben könne.

22 De venatione sapientiae, zit. nach Philosophisch-Theologische Schriften, Wien 1964, Bd. 1, S. 1-189 (56).

23 De Deo abscondito, a.a.O., S. 299-309 (304 ff.).

Diese Annahme ist aber heute kaum mehr zu halten. Und vielleicht ist hier ein radikaler Verzicht nötig, um zurückzufinden zu dem, was Religion bedeuten kann.

Eilert Herms
Das neue Paradigma
Wirtschaftsethik als Herausforderung für die Theologie und die Wirtschaftswissenschaft

Der unter dem Titel »Wirtschaftsethik« geführte Diskurs zieht das allgemeine Interesse überwiegend und in erster Linie wegen seiner Gegenstände auf sich. Dabei handelt es sich entweder um die ethische Qualität des wirtschaftlichen Handelns *in* einer gegebenen Wirtschaftsordnung oder um die ethische Qualität von wirtschaftspolitischen Maßnahmen, die sich *auf* eine – nationale oder internationale – Wirtschaftsordnung richten.

Tatsächlich aber verdient der Diskurs auch noch aus einem anderen Grunde Aufmerksamkeit. Nämlich wegen der Rückwirkungen, die er auf das Selbstverständnis und den Paradigmenbestand aller beteiligten Wissenschaften hat. Es gibt einen methodologischen oder wissenschaftstheoretischen Ertrag des wirtschaftsethischen Diskurses. Davon soll hier gehandelt werden.

Unter einem »Paradigma« verstehen wir ein bewährtes und zu schulmäßiger Selbstverständlichkeit gelangtes Muster wissenschaftlicher Theorie- und Urteilsbildung.[1] Alle Wissenschaften, die es zu schulmäßiger Festigkeit bringen, bilden damit ipso facto auch solche Paradigmen aus. Das hat nicht nur die Wirtschaftswissenschaft getan, sondern auch die evangelische Sozialethik.

Im folgenden soll zunächst die Behauptung plausibel gemacht werden, daß der sozialethische Diskurs die evangelische Sozialethik dazu provoziert, eine spezifische Überprüfung und Verbesserung des traditionellen Musters ihrer Theoriearbeit und Urteilsbildung vorzunehmen. Die evangelische Sozialethik kann am wirtschaftsethischen Diskurs nur erfolgreich teilnehmen, wenn sie in allen Bereichen und auf allen Ebenen ihrer Theoriearbeit ein

1 Diese wissenschaftstheoretische Zuspitzung des Begriffs »Paradigma« geht auf G. Ch. Lichtenberg zurück. Das hat gezeigt H. Blumenberg, Beobachtungen an Metaphern, in: Archiv für Begriffsgeschichte 15 (1971), 161-214, dort 197.

Verfahrensmuster einübt und pflegt, dessen Elemente einzeln oder im Zusammenhang »neu« sind.
Auf diese Herausforderung der evangelischen Sozialethik werde ich den Schwerpunkt legen. Denn sie ist mein eigenes Fach.
Ich habe aber durch die Teilnahme am wirtschaftsethischen Gespräch den Eindruck gewonnen, daß daraus vergleichbare Zumutungen auch für die wirtschaftswissenschaftliche Theoriebildung resultieren. Auch diese wird zu gewissen Umbauten und Komplizierungen des Leitmusters ihrer Theoriebildung und zu gewissen Modifikationen ihres Selbstverständnisses provoziert. Davon werde ich im zweiten Teil sprechen.
Dann kann man schließlich auch zeigen, daß es sich bei diesen Rückwirkungen des wirtschaftsethischen Diskurses auf das Selbstverständnis und die Paradigmen der beteiligten Wissenschaften nicht um eine akademische Belanglosigkeit handelt, sondern um einen Vorgang, dem für die praktische Entwicklung von Wissenschaft und Gesellschaft tiefgreifende und weitreichende Bedeutung zukommt.

1. Die Herausforderung für die evangelische Sozialethik

Die Erfahrungen des wirtschaftsethischen Diskurses haben für die evangelische Sozialethik exemplarische Bedeutung. Sie zeigen, daß die Theoriearbeit evangelischer Sozialethik nur erfolgreich – d. h. für ihre Adressaten brauchbar – ist[2], wenn sie drei Bedingungen gleichzeitig erfüllt:

(1) Sie muß spezifisch sein.

(2) Sie hat als *Sozial*ethik nach dem Beitrag von wirtschaftlichen oder wirtschaftspolitischen Entscheidungen zur Entwicklung des Regelsystems der gesamtgesellschaftlichen Interaktionsordnung zu fragen; was voraussetzt, daß sie sich an einer *theologischen Gesellschaftstheorie* orientiert.

(3) Sie hat sich zu beschränken auf die Produktion eines Orientierungswissens, das in die undeligierbare Urteilsbildung und Entscheidung der Verantwortlichen vor Ort eingehen kann, ohne die Ergebnisse dieses Beurteilungs- und Entscheidungsprozesses im einzelnen vorwegzunehmen oder vorzuschreiben.

2 Die Erfüllung dieser Brauchbarkeitsbedingungen ist ein wesentliches Moment der Sachgemäßheit der Theoriearbeit evangelischer Sozialethik.

1. Spezifisch sind die Beiträge der evangelischen Sozialethik, wenn sie Perspektiven und Gesichtspunkte beisteuern, die *nur von ihr* ins Spiel gebracht werden können. Andernfalls könnte man auf sie ohne Verlust verzichten. Worin kann und darf dieser Spezialbeitrag nicht, worin aber kann und muß er bestehen?
Die evangelische Sozialethik bezieht sich genauso wie alle anderen wissenschaftlichen Disziplinen auf die *eine* gesellschaftliche Lebenswirklichkeit, die der Glaube mit allen anderen Menschen teilt. Auf dieses Ganze bezieht sie sich aus einer spezifischen Perspektive; eben aus der Perspektive des Glaubens und seines Wirklichkeitsverständnisses. Folglich kann ihr einheitlicher Spezialbeitrag nicht darin bestehen, daß sie einen anderen Gegenstand hat als die übrigen Disziplinen, die am sozialethischen Diskurs beteiligt sind; einen Gegenstand, den diese Wissenschaften nicht hätten. Sondern ihr Spezialbeitrag kann ausschließlich darin bestehen, daß sie diesen einen und gemeinsamen Gegenstand, den sie mit allen anderen Sozialwissenschaften teilt, *in einer spezifischen Weise* begrifflich *konzipiert*.
Für jede wissenschaftliche Erkenntnispraxis ist ein begriffliches Vorverständnis ihres Gegenstandsbereiches konstitutiv. Dieses Vorverständnis ergibt sich nicht aus der empirischen Forschung, sondern besitzt für die empirische Forschung, ihre Fragestellungen und Verfahren, eine Leitfunktion. Es programmiert und strukturiert ihre Arbeit von der Gegenstandswahrnehmung, über die Problemerfassung, die Problembeschreibung, den Entwurf und die Realisierung von Lösungsverfahren bis hin zur Artikulation und Gewichtung der Ergebnisse. Dabei verweist jeder derartige Grundbegriff einer wissenschaftlichen Disziplin, der ihre Erfahrungspraxis leitet, zumindest implizit auf das Ganze aller möglichen Gegenstandsbereiche, das Ganze der erkennbaren Wirklichkeit. Insofern ist er also stets zumindest implizit Teil eines umfassenden begrifflichen Verständnisses von Wirklichkeit überhaupt. In traditioneller Sprache: Er ist immer Ausdruck und Teil einer »Ontologie«.
Was den Beiträgen der evangelischen Sozialethik zum wirtschaftsethischen Diskurs ihren spezifischen, unverwechselbaren Charakter verleiht, ist nun nichts anderes als das spezifische Profil eines solchen wahrnehmungs- und forschungsleitenden Vorverständnisses des gesamten Gegenstandsbereichs sozialwissenschaftlicher Theoriebildung: Evangelische Sozialethik läßt ihre Arbeit von

demjenigen begrifflichen Vorverständnis der menschlichen Lebenswirklichkeit leiten, das eingeschlossen ist im Selbstbewußtsein des christlichen Glaubens.

Dabei wird hier unterstellt, daß dem christlichen Glauben eine spezifische Gestalt menschlicher Selbstgewißheit zugrunde liegt. Nämlich genau diejenige, die aus der Erfahrung und Aneignung des Wahrseins der christlichen (zentral: der biblischen) Überlieferung und ihres Wirklichkeitsverständnisses folgt. Für diese kategoriale Sicht[2a] der menschlichen Lebenswirklichkeit sind drei inhaltliche Merkmale wesentlich:

Erstens die Anerkennung seiner geschichtlichen und gesellschaftlichen Verfaßtheit. Das christliche Wirklichkeitsverständnis durchschaut das geschichtliche Leben der Gesellschaft – aller ihrer leistungsspezifischen Subsysteme, deren Binnenstruktur und ihrer Interdependenz – als eine *Ordnung von Ordnungen*, die *emergiert* als ungeplante aber regelmäßige Folge von Einzelinteraktionen, welche ihrerseits jeweils in sich spezifischen Regeln folgen und dadurch untereinander abgestimmt sind. Es läßt sich zeigen, daß diese Sicht der erfahrbaren Gestalt von Gesellschaft als Ordnung, die aus einem Inbegriff regelbefolgender Einzelinteraktionen emergiert, schon in derjenigen Sicht des gesellschaftlichen und geschichtlichen Lebens enthalten ist, die uns in der alttestamentlichen Literatur überliefert wird.[3]

Dazu kommt *zweitens* eine spezifische Sicht von der Verfassung der in dieser gesellschaftskonstituierenden Interaktion aufeinander bezogenen Individuen. Diese sind »Personen«; d. h. Indivi-

2a Ich gehe also davon aus, daß die Gegenwartsbedeutung der Schriften des biblischen Kanons der Sache nach in dem Wirklichkeitsverständnis – in der »Ontologie« – begründet ist, die sie implizieren; und darin, daß dieses Wirklichkeitsverständnis schwerwiegende und gefährliche Engführungen des in der europäischen Neuzeit zur unkritisch anerkannten Vorherrschaft gelangten Vorverständnisses von »Wirklichkeit« aufzudecken und zu überwinden geeignet ist. Zu diesen inhaltlichen Besonderheiten des biblischen Wirklichkeitsverständnisses zählt nicht zuletzt die in ihm selbst steckende Einsicht über die Art und Weise, wie ontologische Überzeugungen mit ihrer handlungsmotivierenden und -orientierenden Kraft zustande kommen; nämlich nicht nur durch das explizite Vernunftargument, sondern zuerst und zuletzt durch die Evidenz des Selbsterlebens des Menschen.

3 Vgl. dazu E. Herms, Schuld in der Geschichte, in: ders., Gesellschaft gestalten, 1991, 1-24.

duen,[4] die sich selbst erleben als bestimmt zur freien Selbstbestimmung im Lichte ihrer Selbstgewißheit und ihrer ihnen darin präsenten Bestimmung. Darin ist eingeschlossen, daß diese Personen sich selbst erleben als *schuldfähige* Interaktanten. D. h. als solche Instanzen, deren selbstbewußt-freier Wahl alle Konstituentien von Interaktion zugeschrieben werden können: also nicht nur alle einzelnen Aktionen und Reaktionen, sondern zugleich auch der Bestand – das Anerkannt- und Befolgtwerden – aller Regeln der Interaktion. Gleichzeitig erleben sie sich als Instanzen, deren Wahlaktivität qualitativ variabel ist; also fehlerhaft ausfallen kann, mit negativen Folgen für alle Beteiligten.
Damit kommt das *dritte* Merkmal des christlichen Verständnisses von Interaktion in den Blick. Es betrifft die Qualität der selbstbewußt-freien Entscheidungen der Interaktanten. Es weiß diese Qualität abhängig vom *Inhalt* der Selbstgewißheit, die jeweils die Entscheidungen eines Interaktanten motiviert und steuert. Also davon, wie umfassend und genau in der Selbstgewißheit eines Interaktanten die Verfassung und Bestimmung seiner Existenz erfaßt ist. Dabei weiß der Glaube als den denkbar konkretesten Inhalt personaler Selbstgewißheit seinen eigenen; also denjenigen Inhalt, der aus der persönlichen Erfahrung des Wahrseins der christlich-biblischen Sicht von Natur und Bestimmung personaler Existenz in der Welt vor Gott resultiert.[5] Zu den wesentlichen Inhalten dieser Selbsterkenntnis des Menschen im Glauben zählen jedenfalls folgende Einsichten. Erstens die Einsicht, daß der Mensch dazu bestimmt ist, eine Revolution des Inhalts seiner

4 Vgl. dazu P. F. Strawson, Individuals. An Essay in Descriptive Metaphysics, 1959.

5 Ohne daß der Gehalt der eigenen ontologischen Überzeugung von einer Person als anderen Überzeugungen überlegen empfunden wird, kann keine derartige Überzeugung als Überzeugung existieren; also der christliche Glaube auch nicht Glaube mit effektiv handlungsmotivierender und -orientierender Kraft. Dieses Gefühl der Überlegenheit der eigenen Position ist eine Koheränzbedingung für den Status jeder persönlichen Überzeugung als solcher. Es hat nichts mit parteilicher Borniertheit zu tun. Vielmehr schließt das Gefühl der Überlegenheit der von uns jeweils als gültig anerkannten Position nicht aus, daß diese Position sich aufgrund fortschreitender Erfahrung und Einsicht konkretisiert. Freilich ist dann auch für jede derart konkretisierte Position wiederum das Gefühl ihrer inhaltlichen Überlegenheit gegenüber früheren und anderen grundlegend.

Selbstgewißheit und infolgedessen der Richtung seines Lebenstriebs – die Wendung vom amor mundi zum amor dei – zu erleiden, und zwar just durch die Begegnung mit der geschichtlichen Realität des Evangeliums. Zweitens die Einsicht, daß er nur Kraft dieser Revolution und in der Haltung des amor dei seine ursprüngliche (ewige) Bestimmung erreicht.[6]

Soweit dasjenige begriffliche Vorverständnis der menschlichen Lebenswirklichkeit, das die Arbeit der evangelischen Sozialethik insgesamt – und darum auch ihre Wirtschaftsethik – leitet, von der Gegenstandswahrnehmung über die Problemidentifikation und Problembeschreibung, über alle Lösungswege bis hin zu den Resultaten und ihre Gewichtung.

Die Frage kann nicht sein, ob diese Sicht *spezifisch* sei und an die Selbsterfahrung des Glaubens gebunden? Das ist sie. Aber sehr wohl kann gefragt werden, ob nicht die evangelische Sozial- und Wirtschaftsethik, *wenn und weil sie von diesem spezifischen Wirklichkeitsverständnis* des Glaubens geleitet ist, *aus dem Zusammenhang des öffentlichen Diskurses wissenschaftlicher Arbeit ausscheidet*?

Das ist zu verneinen. Denn nicht nur ist es so, daß – wie wir uns schon klargemacht hatten – *alle* denkbaren Weisen des erkennenden Umgangs mit der Wirklichkeit von irgendeinem derartigen spezifischen begrifflichem Vorverständnis ihres Gegenstandes geleitet sind.[7] Sondern es gilt auch: Alle diese kategorialen Alternativen kommen mit dem Wirklichkeitsverständnis des Glaubens in

6 Vgl. G. W. Härle/E. Herms, Rechtfertigung. Das Wirklichkeitsverständnis des christlichen Glaubens, 1979, dort besonders 23, 26f., 28f., 32-38; E. Herms, Offenbarung und Glaube, 1992, Nr. 1 und 12.

7 Auf diese kategorienabhängige Perspektivität aller erfahrungswissenschaftlichen Erkenntnisverfahren und -ergebnisse weisen hin die Beiträge in der Vortragsreihe »Das Problem der Realität in den Wissenschaften«, Mainzer Universitätsgespräche 1987 (zu beziehen über: Studium Generale der Universität Mainz). Ich selbst habe den Sachverhalt exemplarisch untersucht und aufgewiesen am Modell der Theoriebildung W. James', Sigmund Freuds und N. Luhmanns, vgl.: E. Herms, W. James: Freiheitserfahrung und wissenschaftliche Weltanschauung, in: J. Speck (Hg.), Grundprobleme der großen Philosophen. Philosophie der Neuzeit v, 1991, 68-114; ders., Theorie für die Praxis, 1982, darin: Die Funktion der Realitätsauffassung in der Psychologie Sigmund Freuds, 214-250; und: Das Problem von »Sinn als Grundbegriff der Soziologie« bei Niklas Luhmann, 189-213.

formaler Hinsicht – das heißt hinsichtlich ihres Ursprungs und ihres Geltungsgrundes – überein. Für sie alle gilt ausnahmslos: ihr Ursprung ist die Tatsache, daß einzelne wissenschafttreibende Personen in der Begegnung mit tradierten Wirklichkeitsdeutungen die Erfahrung von deren Wahrsein gemacht haben. Und ihr Geltungsgrund ist, daß diese Personen anhaltend dieser Evidenz des Wahrseins der jeweils maßgeblichen Traditionen unterliegen. Ob es sich dabei um die tradierten Kategoriensysteme des Christentums und der Theologie oder der klassischen Philosophie bzw. der neuzeitlichen Sozialwissenschaft handelt, macht dabei in *formaler* Hinsicht keinen Unterschied. Vor allem auch deshalb nicht, weil sich diese bezwingende Plausibilität des Kategoriensystems des Glaubens genauso wie die Plausibilität irgendeines anderen Kategoriensystems immer nur im Kontext offener Diskurse, im Kontext der öffentlichen Inanspruchnahme von Erfahrung und des öffentlichen Austausches von Argumenten aufbauen und durchhalten kann.

Was dergestalt vom Wirklichkeitsverständnis des Glaubens gilt, gilt also von *allen* kategorialen Leitkonzeptionen erfahrungswissenschaftlicher Arbeit. Sie *alle* sind der öffentlichen Rechenschaftpflichtigkeit und -fähigkeit, aber auch der Unverfügbarkeit und der Perspektivität des individuellen Wahrheitsbewußtseins der wissenschafttreibenden Personen unterworfen. Und zwar in einer unüberwindlichen Weise. Das schließt nicht aus, daß sie Gegenstand öffentlicher Diskurse sein können. Über sie kann und muß vielmehr öffentlich Rechenschaft abgelegt werden. Es ist möglich, sich im öffentlichen Diskurs über sie zu verständigen. Dennoch wird ihre Perspektivität durch keinen derartigen Verständigungserfolg aus der Welt geschafft.

Gegenüber allen denkbaren begrifflichen Leitperspektiven wissenschaftlicher Arbeit, die diese ihre faktische Perspektivität entweder nicht mitreflektieren oder gar programmatisch verleugnen (wie die klassischen Figuren des Rekurses auf die einheitliche Autorität »der« Vernunft bzw. eines nicht perspektivisch gebrochenen Naturrechts), besitzen diejenigen, die diese Selbstrelativierung auf ihre unüberwindliche Perspektive explizit vollziehen, einen Rationalitätsvorsprung. An diesem Rationalitätsvorsprung hat eine evangelische Sozial- und Wirtschaftsethik Anteil, *wenn* sie die Spezifität ihrer begrifflichen Perspektive offenlegt. Sie verliert ihn, sobald sie diese verleugnet.

Aus diesen Erörterungen geht schon hervor, daß die besprochene Abhängigkeit aller sozialwissenschaftlichen Theoriebildung von begrifflichen Voraussetzungen nicht zu verwechseln ist mit dem von G. Weisser[8] entwickelten Konzept einer *normativen* Sozialwissenschaft. Denn die vorstehend entwickelte Einsicht in die Abhängigkeit aller empirischen sozialwissenschaftlichen Erkenntnis von kategorialen Leitbegriffen schließt keineswegs die Behauptung ein, *daß* diese Leitbegriffe überhaupt normative Implikationen besitzen. Es sind Leitkonzepte denkbar, die normative Perspektiven programmatisch ausklammern oder faktisch ausschließen. Die Erkenntnis der empirischen Sozialwissenschaften kann unabhängig sein von *normativen* Voraussetzungen, aber nicht von *kategorialen* Voraussetzungen. Freilich: Diese unvermeidbaren kategorialen Leitannahmen entscheiden ihrerseits darüber, ob soziale (also auch wirtschaftliche und wirtschaftspolitische) Interaktionen überhaupt als an Normen ausgerichtete gedacht werden können, und darüber, welche Normen dafür sinnvoller Weise (widerspruchsfrei) in Betracht gezogen werden können.

2. Die zweite Bedingung für die Brauchbarkeit theologischer Beiträge zum wirtschaftsethischen Diskurs ist, daß eine *genaue Erfassung der Art von Problemen* erfolgt, zu deren Lösung sie beitragen möchte.

Natürlich gehören die in der Wirtschaftsethik und allen Zweigen der Sozialethik zu lösenden Probleme zu der Art von Problemen, wie sie in der Ethik generell zu lösen sind. Aber immer liegt das Problem darin, Gründe dafür beizubringen,[9] daß im Hinblick auf eine anstehende Entscheidung (Verhaltenswahl) aus einer Mehrzahl von folgeträchtigen Verhaltensweisen, die der bewußten Wahl zugänglich sind, eine gegenüber anderen vorzugswürdig ist: und zwar immer wegen ihrer *Folgen*.[10] Dabei geht es in der Individu-

8 Vgl. G. Weisser, Politik als System aus normativen Urteilen, 1951; ders., Die »praktischen« Aussagen von Politologie und Wirtschaftswissenschaft, in: C. Böhret/D. Grosser (Hg.), Interdependenzen von Politik und Wirtschaft, 1967, 99-127; ders., Beiträge zur Gesellschaftspolitik, hg. v. S. Katterle/W. Mudra/L. F. Neumann, 1978.

9 Ethik wird *überflüssig*, wo keine Begründungen mehr verlangt werden. Sie muß als *unmöglich* betrachtet werden, wo behauptet wird, daß derartige Gründe prinzipiell nicht angegeben werden können.

10 Auch Kant hat sich letztendlich diesem Gesichtspunkt nicht entziehen

alethik darum, diejenigen Folgen in Rechnung zu stellen, die jede der zu beurteilenden wählbaren Verhaltensweisen *für das wählende Individuum selbst* hat. In der *Sozialethik* hingegen immer um eine Beurteilung der Folgen für das Regelsystem, die Interaktionsordnung, in der (bzw. für die) die zu beurteilende Wahl erfolgt.[11]

Daß in jeder konkreten Entscheidungssituation beide Arten von Folgen eintreten werden – und daher auch bedacht werden müssen –, ändert nichts daran, daß die beiden Folgenarten unterschieden werden können und müssen. Und nichts daran, daß die Dringlichkeit der mit einer dieser Arten von Folgen verbundenen Probleme u. U. bis hin zum Anschein der Ausschließlichkeit überwiegen kann.

In der angedeuteten Eigenart aller sozialethischen – also auch: aller wirtschaftsethischen – Probleme liegt es nun, daß sie nur lösbar sind, wenn sie hinreichend genau gestellt sind. Ein Urteil über die Folgen einer Entscheidung für das Regelsystem (die Interaktionsordnung), in dem (bzw. für das) die Wahl getroffen wird, läßt sich nur fällen, wenn dreierlei bekannt ist:

Erstens natürlich die wählbaren alternativen Verhaltensweisen, deren Vorzugswürdigkeit zu prüfen ist.

Zweitens aber auch, welches diejenige Interaktionsordnung ist, in der (bzw. für die) die anstehende Entscheidung zu treffen ist (etwa: eine bestimmte politische, wirtschaftliche, wissenschaftliche oder kulturelle Organisation[12]). Von welcher Position inner-

können, obwohl er ihn für die Begründung der Güte einer Handlung systematisch außer Betracht läßt. Demgegenüber ist die Wesentlichkeit des Folgeaspekts für die Qualität jeder Handlung schon von F. Schleiermacher der evangelischen Sozialethik eingeschärft worden, insbesondere in: Über den Begriff des höchsten Gutes, SW III/2, 446-468. 469-495, bes. 450-454. Aus der Perspektive dieser Schleiermacherischen Einsicht ist natürlich auch das Wahrheitsmoment in allen utilitaristischen Strategien zur Identifikation des ethisch Vorzugswürdigen nicht zu übersehen; vgl. O. Höffe, Einführung in die utilitaristische Ethik, 1975.

11 Zu dieser Unterscheidung zwischen Individual- und Sozialethik vgl. E. Herms, Gesellschaft gestalten, 1991, Nr. 8 (bes. 227-32). Die terminologische Unterscheidung ist relativ alt; vgl. schon G. Naumann, Art.: Individualethik und Sozialethik, in: RGG[1], III, 1912, 484-493 (Lit.).

12 Zu der hier im Hintergrund stehenden Sicht von der Bestimmtheit

halb dieser Interaktionsordnung aus zu entscheiden ist. Und: Welche Position die Interaktionsordnung, in der (oder für die) entschieden wird, in umgreifenden Interaktionsordnungen innehat (etwa die Position eines Unternehmens im gesamten System der Branche bzw. des gesellschaftlichen Wirtschaftssystems, und wiederum die Position des Wirtschaftssystems im einheitlichen Zusammenhang der gesamtgesellschaftlichen Interdependenz *aller* leistungsspezifischen Interaktionsbereiche).

Drittens müssen auch die für die betroffenen Interaktionsordnungen de facto konstitutiven – also *faktisch* in ihnen geltenden – Regeln soweit bekannt sein, daß die wahrscheinlichen Folgen der wählbaren Verhaltensmöglichkeiten abgesehen werden können.

Das aber heißt: Jede sozial- und wirtschaftsethische Arbeit, also auch die theologische, kommt schon zu methodisch lösbaren Problem*stellungen* nur unter der Voraussetzung, daß sie auf einen *doppelten theoretischen Referenzrahmen* zurückgreifen kann: Erstens auf eine rein begriffliche, universal – d. h. für alle möglichen empirischen Zustände im einzelnen – gelten wollende Theorie von gesellschaftlicher Öffentlichkeit, ihrer wesentlichen (in der Natur der Sache, d. h. der gesellschaftskonstituierenden Interaktion von personalen Interaktanten begründeten) leistungsspezifischen Subsysteme, ihrer Ausdifferenzierungsmöglichkeiten, und der möglichen Gestalten, die die Interdependenz zwischen ausdifferenzierten Systemen annehmen kann.[13]

aller öffentlichen Entscheidungspositionen durch Organisationskontexte vgl. E. Herms, Religion und Organisation, in: ders., Erfahrbare Kirche, 1990, 49-79.

13 Zur Angewiesenheit der empirischen Sozialwissenschaft bzw. Wirtschaftswissenschaft auf eine solche »reine« Gesellschaftstheorie vgl. grundlegend M. Weber, Wirtschaft und Gesellschaft, ⁵1985. Auch in Schultraditionen der Sozial- und Wirtschaftswissenschaften, die nicht direkt durch Weber beeinflußt sind, ist diese Einsicht festgehalten worden: vgl. z. B. F. Hayek, Szientismus und das Studium der Gesellschaft, in: ders., Mißbrauch und Verfall der Vernunft, ²1979, 7-142. Wichtige Anregungen zur Ausarbeitung einer solchen »reinen« Gesellschaftstheorie verdankt die gegenwärtige deutschsprachige Sozialwissenschaft Niklas Luhmann. Die entsprechenden Anregungen für die evangelische Sozialethik sind schon wesentlich älter. Sie stammen von J. G. Herder (Ideen zur Philosophie der Geschichte der Menschheit, 1784/85/87/91, in: B. Suphan (Hg.), J. G. Herder, Sämtliche Werke, 1887 ff., Bd. XIII/XIV) und F. Schleiermacher (Güterlehre in den Ent-

Aber darüber hinaus ist dann zweitens auch so etwas wie eine Theorie des »gegenwärtigen Zeitalters«[14] erforderlich. Genau: eine klare Erfassung des *gegenwärtig gegebenen* gesamtgesellschaftlichen Institutionengefüges. Erforderlich ist eine historische – also empirische – Theorie darüber, welche konkrete Gestalt von gesellschaftlicher Öffentlichkeit – ihrer funktionalen Sub- und regionalen Teilsystemen, deren Binnendifferenzierung sowie der in und zwischen den ausdifferenzierten Subsystemen geltenden Regeln – jeweils hier und jetzt der gegebene Boden für die zu beurteilenden Einzelentscheidungen ist.

Auf diesen doppelten Referenzrahmen – einer reinen (kategorialen) und einer empirischen (historischen) Gesellschaftstheorie – kann keine klare sozialethische (und daher auch keine wirtschaftsethische) Problemstellung verzichten; auch nicht die Problemstellungen einer theologischen Wirtschaftsethik. Denn nur unter Rückgriff auf diesen doppelten Referenzrahmen kann sie den Ort, an dem die problematische Entscheidung (Wahl) zu treffen ist, innerhalb eines bestimmten, ausdifferenzierten Systems in der Wirtschaft – etwa eines Haushaltes, eines Unternehmens, einer Bank, eines Verbandes etc. – bestimmen und wiederum den Ort dieses Systems im übergreifenden Zusammenhang des gesamten einschlägigen gesellschaftlichen Subsystems und dadurch vermittelt wiederum im systematischen Wirkungszusammenhang aller funktionsspezifischen Subsysteme der gesamtgesellschaftlichen Öffentlichkeit. Und nur so – das heißt unter Rückgriff auf eine Kenntnis der in den ausdifferenzierten Systemen und zwischen ihnen faktisch befolgten (geltenden) Regeln – kann sie eine jeweils »vor Ort« wählbare Verhaltensweise unter dem Gesichtspunkt ihrer absehbaren Folgen für den künftigen Zustand des Regelsystems auf ihre Vorzugswürdigkeit gegenüber anderen hin beurteilen.

Dazu kommt nun aber noch etwas weiteres: Die *Vorzugswürdigkeit* einer wählbaren Verhaltensweise aufgrund ihrer Folgen für den Zustand des Regelsystems kann natürlich nur dadurch be-

würfen zur philosophischen Ethik, 1805, 1812/13, in: F. Schleiermacher, Brouillon zur Ethik 1805/06, hg. v. H.-J. Birkner, 1981 (PhB 334), und: ders., Ethik 1812/13, hg. v. H.-J. Birkner, 1981 (PhB 335).

14 Vgl. H. Freyer, Theorie des gegenwärtigen Zeitalters, 1956. Natürlich ist jede derartige empirische Theorie eines historischen – also auch des je gegenwärtigen – Sozialzustandes abhängig von einer reinen Gesellschaftstheorie im vorhin umrissenen Sinne.

gründet werden, daß ein *Begriff von guten bzw. vorzugswürdigen Zuständen der jeweiligen einzelnen Interaktionsordnung* zur Verfügung steht, in der (oder für die) die Wahl getroffen wird. Also eine Vorstellung von dem, was der gute bzw. vorzugswürdige Zustand des Unternehmens ist, in dem (bzw. für das) entschieden wird; was der gute bzw. vorzugswürdige Zustand des Gesamtsystems Wirtschaft ist, in dem es wirkt; und schließlich: was der gute bzw. vorzugswürdige Zustand der Interdependenzen aller funktionalen Subsysteme und damit einer realexistierenden Gestalt gesellschaftlicher Gesamtöffentlichkeit ist.
Und darüber, ob diese Frage nach guten bzw. vorzugswürdigen Zuständen gesellschaftlicher Ordnungen sinnvoll und wie sie zu beantworten ist, entscheidet in jedem Fall ebenfalls das leitende kategoriale Vorverständnis von der Konstitutions- und Existenzweise gesellschaftlichen Lebens.
Hier sind durchaus Konzeptionen denkbar, die eine solche Frage gegenstandslos machen. Dazu zählen etwa alle Konzeptionen, die gesellschaftliche Zustände ausnahmslos als Resultate eines evolutionären Geschehens begreifen, das so geartet ist, daß für es und seinen Verlauf die Wahlentscheidungen Einzelner belanglos sind.
Legt man hingegen das vorhin umrissene christliche Verständnis der Konstitution aller sozialer Phänomene durch die Interaktion von *Personen* zugrunde, so ist die Frage sinnvoll. Und ebenso ist klar, wie sie beantwortet werden muß: Das *Kriterium der Güte oder Vorzugswürdigkeit aller Gesamtzustände* gesellschaftlicher Öffentlichkeit ist, *daß sie die Reifung ihrer Mitglieder* – und zwar ihre Reifung im christlichen Sinne – *fördern und nicht hindern.* Und das Kriterium der vorzugswürdigen Ordnung aller gesellschaftlichen Sub- und Teilsysteme je für sich ist, daß sie die Emergenz einer – in diesem Sinne – vorzugswürdigen Gesamtordnung eher befördern als behindern.
Damit aber ist sofort deutlich: Der Begriff eines solchen guten, wohlgeordneten Zustandes der Gesamtgesellschaft – also der Begriff des sozialen »höchsten Gutes«, also des Letztziels allen sozialgestaltenden Handelns, und damit der letzte Orientierungsrahmen aller sozialethischen Urteile – kann nur klar konzipiert (und folglich auch erst sicher gehandhabt) werden durch Rückgriff auf eine ausgearbeitete reine Gesellschaftstheorie, die den Möglichkeitsraum aller realen Gesellschaftszustände – eben auch der im angedeuteten Sinne »guten« – umreißt.

So zeigt sich auch von dieser Seite: Eine notwendige Bedingung für die Lösung von sozialethischen – also auch wirtschaftsethischen – Problemstellungen durch die evangelische Sozialethik ist, daß sich ihre Arbeit an einer reinen, den Raum aller möglichen empirischen sozialen Zustände begreifenden Gesellschaftstheorie orientiert. Und zwar, wenn dies nicht auf Kosten ihrer Spezifität gehen soll, an einer *theologischen* (d. h. über dem Wirklichkeitsverständnis des Glaubens aufgebauten) Gesellschaftstheorie.[15]

3. Die dritte Bedingung für die Brauchbarkeit der Arbeit der evangelischen Sozialethik ist pragmatischer Natur. Sie betrifft die Tatsache, daß die soziale Handlungsposition des theologischen Sozialethikers immer von der sozialen Handlungsposition der Aktanten verschieden ist, die diejenigen Entscheidungen in undeligierbarer Verantwortung zu *treffen* haben, die der Sozialethiker nur *bedenkt* und *beurteilt*.

Das legt der wirtschaftsethischen Arbeit evangelischer Theologie eine *bestimmte Disziplin* und eine *bestimmte Verantwortung* auf.

Die geforderte Disziplin hat den Charakter einer Selbstbescheidung, die aus der Einsicht folgt, daß die tatsächliche Lösung der praktischen Selektionsprobleme nur durch die Praktiker selbst gelingen kann. Selbst dann, wenn die wirtschaftsethische Beurteilung einer wirtschaftlichen oder wirtschaftspolitischen Entscheidungslage ausgehend von einer hinlänglich genauen Beschreibung ihres systemischen Ortes, der wählbaren Alternativen und ihrer absehbaren Folgen schließlich zur begründeten Auszeichnung einer wählbaren Verhaltensweise als der vorzugswürdigen gelangt, selbst dann bleibt dieses komplette *wirtschaftsethische Urteil* vom *tatsächlichen Vollzug* der Entscheidung unterschieden. Es kann nie Sache der Theorie werden, sondern bleibt Sache der Praktiker, zu entscheiden, ob die formal vollständige wirtschaftsethische Urteilsbildung wirklich alle für sie relevanten Aspekte der Situation einbezogen hat. Es bleibt ihre Sache, die dadurch als vorzugswürdig ausgezeichnete Entscheidung tatsächlich zu vollziehen oder zu unterlassen. Und es bleibt ihre Sache, die Folgen dieser Entscheidung sich zurechnen zu lassen und zu tragen.

15 Vgl. E. Herms, Die Rechtfertigungslehre als Grundlegung der Gesellschaftstheorie, in: W. Härle/E. Herms, Rechtfertigung. Das Wirklichkeitsverständnis christlichen Glaubens, 1979, 100-140; ders., Grundzüge eines theologischen Begriffs sozialer Ordnung, in: ders., Gesellschaft gestalten, 1991, 56-94.

Solche Selbstbescheidung der ethischen Reflexion beseitigt aber nicht ihre *Verantwortlichkeit*. Diese besteht darin, den Praktikern jeweils einen Begriff des Entscheidungsproblems und eine gedankliche Lösung anzubieten, die für den Entscheidungsvollzug tatsächlich orientierungskräftig sind.
Dabei dürfte diese Produktion eines ethischen Orientierungswissens, das für die praktische Handhabung von wirtschaftlichen oder wirtschaftspolitischen Entscheidungssituationen brauchbar ist, regelmäßig drei Schwerpunkte zu bedienen haben:
Erstens einen methodologischen, verfahrenstechnischen Schwerpunkt. Hier geht es um die Pflege von Analyse- und Argumentationsmustern, die der typischen Komplexität der Entscheidungssituationen gerecht werden und deren Befolgung daher die kontrollierte Lösung des Problems – der begründeten Auszeichnung des hic et nunc vorzugswürdigen Verhaltens – wahrscheinlich macht.
Zweitens einen inhaltlichen Schwerpunkt. Ich meine die hinlänglich klare Präsentation des zielwahlorientierenden Wissens. Das ist stets der Begriff (die Vision oder Vorstellung) von derjenigen real möglichen Wohlordung des gesellschaftlichen Gesamtsystems, die jeweils in der leitenden Grundüberzeugung der Aktanten von der leibhaften, geschichtlichen und gesellschaftlichen, Wirklichkeit des menschlichen Lebens enthalten ist. Diese Sicht der real möglichen Wohlordnung des Gesamtsystems bildet das *Fundament* der gesamten sozial- bzw. hier: wirtschaftsethischen – Urteilsbildung. Denn das Prädikat der »Vorzugswürdigkeit« einer wählbaren Verhaltensweise besagt ja nie etwas anderes, als daß von ihren absehbaren Folgen jeweils die vergleichsweise größte Annäherung an jene real mögliche Wohlordnung des Gesamtsystems zu erwarten ist.
Den dritten Schwerpunkt bilden Fallstudien, in denen die Suche nach vorzugswürdigen Verhaltensweisen in gegebenen Entscheidungssituationen vom ersten bis zum letzten Schritt in allen Einzelheiten vorgeführt wird. Orientierungskräftig sind solche Studien aber nur, wenn sie ihren exemplarischen Charakter festhalten und sich gegen das Mißverständnis möglichst schützen, als ginge es ihnen um das Eingreifen in das Amt des Praktikers durch Vorschrift einer bestimmten Lösung.
Die Praktiker ihrerseits werden die theoretische Arbeit um dieser ihrer Zurückhaltung willen nicht verachten. Sie zeigt ihnen näm-

lich einen Weg, ihre eigene Entscheidung öffentlich verständlich zu machen. Darauf sind sie um des Gelingens ihrer eigenen Praxis willen angewiesen.

4. Ich habe gesagt: Wenn die evangelische Sozialethik die drei genannten Bedingungen erfüllt, dann begibt sie sich auf den Weg eines neuen Paradigmas. Und zwar deshalb, weil die genannten drei Bedingungen von ihr bisher noch nicht – entweder einzeln nicht oder nicht im Zusammenhang – erfüllt werden. Das ist kurz zu zeigen.

Ich beginne mit der letzten Bedingung, der Zurücknahme der Produkte sozialethischer (hier wirtschaftsethischer) Arbeit auf den Status eines ethischen Orientierungswissens. Es bedeutet den Verzicht auf die Produktion von Handlungsanweisung für den Einzelfall (oder auch eine Gruppe von Einzelfällen: »mittlere Axiome«). Die evangelische Sozialethik verzichtet auf die Befriedigung des vermeintlich – aber vielleicht gelegentlich auch wirklich – an sie gerichteten Verlangens: »Sage mir, welche Entscheidung Gott von mir in dieser und dieser Situation fordert.« Jedes derartige Verlangen bringt ein falsches Verständnis von den Aufgaben und Leistungsmöglichkeiten evangelischer Sozialethik (übrigens auch: Individualethik) zum Ausdruck. Freilich ist einzugestehen, daß genau dieses Mißverständnis durch bestimmte Konzeptionen einer theologischen Gebotsethik zu weiter Verbreitung gebracht ist.[16]

Die zweite Bedingung läuft auf die Forderung hinaus, daß die Theologie das Existenzverständnis des Glaubens zu einem konkreten Begriff der Leibhaftigkeit des Menschseins voranzutreiben hat. Ein solcher Begriff ist nicht schon erreicht, wenn diese Leibhaftigkeit des Menschen als *Natürlichkeit* begriffen ist, sondern erst dann, wenn sie auch als *Sozialität* begriffen ist, wenn also die theologische Theorie der Leibhaftigkeit menschlicher Existenz zur theologischen Theorie von Gesellschaft vorangetrieben ist. Die alte biblische und gemeinchristliche Sicht der kreatürlichen Verfassung des Menschen als leibhafter Person muß in systematischer Folgerichtigkeit auf die in ihr selbst schon steckende Sicht von der Gesellschaftlichkeit des menschlichen Lebens hin durch-

16 Einflußreich sind vor allem geworden: die einschlägigen ethischen Abschnitte in K. Barth, Kirchliche Dogmatik, 1931 ff.; ferner: D. Bonhoeffer, Nachfolge, 1937. Die von hier ausgegangenen Einflüsse spiegelt exemplarisch wieder: E. Wolf, Sozialethik, 1975.

sichtig gemacht werden. Diese Aufgabe ist in den ersten Generationen evangelischer Theologie nach der Aufklärung auch tatkräftig in Angriff genommen und bis zu eindrucksvollen Resultaten vorangetrieben worden, etwa bei Herder und Schleiermacher.[17] Aus Gründen, die in der Sozialgeschichte des evangelischen Christentums in den letzten 170 Jahren liegen, ist die Tradition dieser theologischen Theoriearbeit dann aber abgerissen. Heute gibt es keine Beiträge evangelischer Sozialethik, die sich an einer expliziten und detaillierten *theologischen* Gesellschaftstheorie orientieren und aufgrund dessen imstande wären, ihre Urteilsbildung im Horizont eines klaren Konzepts der Wohlordnung des gesellschaftlichen Gesamtsystems zu vollziehen.[18]

Methodisch ist hier die katholische der evangelischen Sozialethik überlegen, sofern diese sich an einer Soziallehre orientieren kann, die eben durch den Blick auf ein klares Konzept der Wohlordnung von Gesellschaft insgesamt orientiert wird. Das macht ihre Arbeit hochgradig brauchbar, wie die Aufmerksamkeit zeigt, die sie bei Entscheidungsträgern mit weitreichender Verantwortlichkeit findet.[19]

Was schließlich aber die erste Bedingung betrifft – die Steuerung der Theoriearbeit durch das christliche Existenzverständnis in seiner unüberwindlichen Perspektivität –, so scheint mir diese bisher nicht nur in der evangelischen, sondern auch in der katholischen Sozialethik nicht konsequent erfüllt zu sein. Hier liegen auf beiden Seiten komplementäre Mängel vor.

Die evangelische Sozialethik hat zwar gewöhnlich keine Schwierigkeiten, die formale Perspektivität ihres Zugangs zur menschlichen Lebenswirklichkeit anzuerkennen. Aber um so größere

17 Vgl. oben, Fn. 12.

18 Natürlich ist die Bezugnahme auf das Ganze von Gesellschaft für die Arbeit der evangelischen Sozialethik nach dem Zweiten Weltkrieg grundlegend. Exemplarisch verweise ich auf die Arbeiten von H. D. Wendland, T. Rendtorff, G. Picht, H. E. Tödt und W. Huber. Um so auffallender ist, daß diese Bezugnahme nirgendwo Anlaß zur expliziten Ausarbeitung einer theologischen Gesellschafts*theorie* geworden ist.

19 Vertreter der katholischen Sozialethik verweisen immer wieder völlig zu Recht auf den Vorsprung, den die katholische Soziallehre aufgrund ihrer bis ins 19. Jahrhundert zurückreichende Traditionen gegenüber der evangelischen Sozialethik besitzt.

Schwierigkeiten hat sie damit, die inhaltliche *Universalität* und immanente *Einheitlichkeit* des in der Selbstgewißheit des Glaubens steckenden kategorialen Vorverständnisses von der Verfassung des kreatürlichen Personseins ernst zu nehmen. Ihr ist vielmehr durch den Triumph des Neukantianismus und seiner gewaltigen Tiefenwirkungen bis in die Schulen Barths und Baltmanns hinein ein ontologischer Dualismus eingeprägt worden, dessen desorientierende Wirkungen man noch bis in die Wirtschaftsethik von A. Rich hinein verfolgen kann.[20] Für das in diesem Werk entwickelte Paradigma wirtschaftsethischer Urteilsbildung wird mit dem *Gegensatz* zwischen dem »Sachgemäßen« und »Menschengemäßen« die Selbständigkeit und wechselweise Kontrolle von zwei Gegenstandsbereichen in Anspruch genommen, die es in diesen Unterschiedenheiten und in diesem selbständigen Gegenüber gar nicht gibt. Denn für alle Erscheinungen und Sachverhalte im Zusammenhang des soziohistorischen Geschehens gilt: Die Sache selbst ist hier der Mensch in Interaktion.

Derartige Schwierigkeiten sind für die römisch-katholische Gesellschaftslehre und Sozialethik nicht symptomatisch. Ihr konstruktiver Anschluß an die Traditionen des schon aus der vorchristlichen Philosophie – insbesondere der Stoa – stammenden Bedenkens der einheitlichen »Natur des Menschen« hat sie vor dualistischen Abwegen weithin bewahrt. Dafür fällt es ihr aber nicht immer leicht, mit der *Perspektivität* dieses ihres Konzepts der menschlichen Natur – genau als des (bzw.: eines) *christlichen* Begriffs der menschlichen Natur – ernstzumachen; und mit der Unaufhebbarkeit der Perspektivität aller ontologischen Leitkonzeptionen. So fällt es ihr dann auch notorisch schwer, sich auf die Situation des Pluralismus konkurrierender ontologischer Perspektiven als auf das Normale einzulassen.

Alle diese Beobachtungen zusammengenommen sprechen wohl für das Recht meiner Behauptung, daß eine theologische Sozialethik, die die genannten drei Bedingungen sämtlich erfüllt, noch nirgendwo anzutreffen ist. Sie würde also einem Muster, einem »Paradigma« ihrer theoretischen Arbeit folgen, das so noch nirgends befolgt wird und in diesem schlichten Sinne »neu« ist.

20 Vgl. A. Rich, Wirtschaftsethik, 2 Bde., 1985/90, bes. 1, 72-81.

2. Die Herausforderung der Wirtschaftswissenschaften

Aufgrund dieser Einsichten hat sich für mich nun der Eindruck verfestigt, daß die Teilnahme am wirtschaftsethischen Diskurs auch für die wirtschaftswissenschaftliche Arbeit Anlaß sein könnte für eine Überprüfung und gegebenenfalls Revision des etablierten und erfolgreichen Paradigmas ihrer Theoriearbeit und des Selbstverständnisses dieser Theoriearbeit insgesamt.
Ich unterstelle dabei als zugestanden, daß der Schwerpunkt wirtschaftswissenschaftlicher Theoriebildung nicht auf der Seite einer rein begrifflichen Theorie des Wirtschaftens im Zusammenhang aller übrigen gesellschaftskonstitutiven Interaktionsbereiche – etwa auf der Ebene und im Zusammenhang einer reinen Theorie der Gesellschaft – liegt. So etwas wie eine »Philosophie der Wirtschaft« gibt es – im auffallenden Unterschied zur »Philosophie des Rechts« oder der »Philosophie der Natur« oder der »Philosophie der Geschichte« – höchstens ansatzweise.[21] Nirgends sind derartige Reflexionen in den Ausbildungsgängen fest verankert. Ebensowenig liegt der Schwerpunkt wirtschaftswissenschaftlicher Theoriebildung auf der Gewinnung und dem Test von Hypothesen über empirische Regelmäßigkeiten. Vielmehr liegt der tatsächliche Schwerpunkt wirtschaftswissenschaftlicher Theoriebildung in der Konstruktion von Funktionsmodellen über Abläufe des wirtschaftlichen Lebens, die möglichst in mathematischer Klarheit auszuarbeiten sind und deren Nichtbeliebigkeit daraus resultiert, daß sie sich für den Umgang mit Entscheidungssituationen im wirtschaftlichen Leben als nützlich erweisen müssen. Der Erfolg dieses Theorieproduktes am Markt des praxisorientierenden Wissens war – und ist immer noch – so groß, daß kaum Anlaß zur kritischen Besinnung auf die Voraussetzungen der Produktion und ihre Funktion im größeren Ganzen des gesellschaftlichen Lebens bestand. Das scheint durch den wirtschaftsethischen Diskurs hier und dort anders geworden zu sein. Ich greife drei Punkte heraus, die nicht erschöpfend gemeint sind, sondern nur exemplarisch. Sie betreffen sämtlich die Voraussetzungsgebundenheit der

21 Etwa: O. Weinberger, Grundriß der allgemeinen Wirtschaftsphilosophie, 1958; Th. Suranyi-Unger, Wirtschaftsphilosophie des 20. Jahrhunderts, 1967; Ch. Dyke, Philosophy of Economics, 1981.

wirtschaftswissenschaftlichen Theoriearbeit und deren Konsequenzen für den Inhalt und das Selbstverständnis dieser Theoriearbeit.

1. Zunächst besteht Anlaß, gewisse *inhaltliche Engführungen* in den Voraussetzungen der ökonomischen Theoriebildung zu erkennen und u. U. zu überwinden. Auch diese modellbildende Theoriearbeit der Wirtschaftswissenschaften ist ja wie jede Theoriearbeit gesteuert durch ein begriffliches Vorverständnis der Verfassung ihres Gegenstandsbereichs, hier: der wirtschaftlichen Interaktion. Diese wird konzipiert als: Marktinteraktion zwischen nutzenmaximierenden Individuen.

Als Ausgangspunkt für Modellbildungen kann diese Konzeption dienen, sobald zwei Zusatzannahmen gemacht werden: Die Präferenzen der am Markt interagierenden Individuen sind formal hinreichend stabil etabliert. Und inhaltlich sind sie klar auf irgendwelche bestimmte Arten von handelbaren (am Markt tauschbaren) Gütern gerichtet. Daß dies beides der Fall ist, nimmt die ökonomische Modellbildung an. Und zwar so, daß sie dabei Konzentrations- und Abstraktionsmaßnahmen trifft, die für ihre Zwecke naheliegen und an sich auch durchaus legitim sind:

a) Entsprechend dem dominierenden Verwertungszusammenhang der wirtschaftswissenschaftlichen Modellbildungen in Unternehmen oder in Positionen, die für wirtschaftspolitische Entscheidungen zuständig sind, konzentriert sich die wirtschaftswissenschaftliche Modellbildung auf solche Güter, die von Unternehmen an Produktmärkten angeboten und an Faktormärkten nachgefragt werden; sowie auf solche Güter – Tauschmittel –, die für den Betrieb von Produkt- und Faktormärkten erforderlich sind.

b) Völlig abgeblendet wird die Frage, wie und unter welchen Bedingungen Präferenzen zustande kommen und stabil erhalten werden.

Man kann sich nun vorstellen, daß diese Abblendung und jene Konzentration überwunden werden. Dann würde erstens der ganze Umkreis von Interaktionen ins Blickfeld treten, der zur Ausbildung von Präferenzen führt und der jedenfalls über den Bereich derjenigen ökonomischen Interaktion hinausreichen muß, die *erst unter der Voraussetzung* etablierter Präferenzen zustandekommt und abläuft. Und ferner würden Güter in den Blick treten, die über die von Unternehmen an Produkt- und Faktormärkten angebotenen und nachgefragten hinausgehen. Etwa diejenigen, die von personalen Individuen angeboten und nachgefragt werden am »Markt« des Lebens, dort auch oft zur Verteilung kommen, aber definitiv nicht *getauscht* werden können (etwa: Beziehungen, Erfolge und Mißerfolge, Überzeugungen).[22]

Diese doppelte »Bewußtseinserweiterung« würde die ökonomische Modellbildung keineswegs ad absurdum führen. Sie würde nur in den Blick rücken, daß die im Modell abgebildeten Prozesse durch die der Modellbildung zugrundeliegende Abstraktion und Konzentration selbst als solche indiziert sind, die faktisch nur in Relation zu ganz anderen als den im Modell erfaßten ökonomischen Interaktionsarten existieren und in Relation zu prinzipiell andersartigen Sorten des »Nutzens« als demjenigen, um den es in einem ökonomischen Interaktionsmodell geht.

Was eine derartige »Bewußtseinserweiterung« jedoch leisten würde, wäre zweierlei:

Erstens würde sie es ermöglichen, die *Grenzen* der Leistungsfähigkeit dieser Modelle genau zu bestimmen. Sie würde mehr zu sagen erlauben als nur – ebenso elegant wie billig –, daß »nicht alles« geleistet würde; sondern auch: was genau nicht. Und: welche Bedeutung diese nicht in die Modellbildung eingehende Interaktionsarten für die im Modell erfaßte Interaktion besitzen.[23]

Zweitens aber könnte der beharrliche Blick auf die bis dato aus der herrschenden Modellbildungspraxis ausgeklammerten nichtökonomischen Interaktionsarten und nichthandelbaren Güter das wissenschaftliche Ingenium anstacheln, auch hierfür praxisorientierende theoretische Modelle zu entwickeln.

2. Eine solche Erweiterung der Palette der wissenschaftlichen Mo-

22 Der Eindruck, daß alle »Güter« solche sind, deren Produktion, Tausch und Konsumtion der ökonomischen Theoriebildung unterliegen, kann besonders leicht aufrechterhalten werden, solange keine begriffliche (»philosophische«) Wesensbestimmung von »Wirtschaft« und »wirtschaftlichen Gütern« vorliegt.

23 Z. B. weist ein verbreitetes Lehrbuch wie das von A. Woll, Allgemeine Volkswirtschaftslehre, [9]1987, zwar pflichtgemäß auf bestimmte Grundlagenprobleme hin, die ausgeklammert werden (a.a.O., 3-18, 313 ff., 490 f.). Aber diese Hinweise fallen so knapp aus, daß Art und Gewicht dieser Probleme vom Studierenden nicht erkannt werden können. Folglich können Hinweise dieser Art de facto nur als Hinweise auf das de facto »praktisch Irrelevante« wirken.

dellbildungstätigkeit und ihrer Produkte wird aus der angedeuteten Bewußtseinserweiterung natürlich nur dann erfolgen, wenn eine zusätzliche Bedingung erfüllt ist: Die Modellbildungstätigkeit – in der klassischen Ökonomik zur Brillanz perfektioniert – müßte zugleich ihre eigene Funktion im Gesamtzusammenhang menschlicher Lebenspraxis durchschauen und daraus den Impuls erfahren, diese ihre begriffene lebenspraktische Funktion für die Lösung von Entscheidungsproblemen zu optimieren.

Die Besinnung auf die Funktion der ökonomischen Modellbildungspraxis im Zusammenhang der menschlichen Lebenspraxis insgesamt kann ihr zunächst zum Bewußtsein bringen, daß sie selbst ja nichts anderes ist als ein Hilfsmittel, um das ethische Grundproblem dieser menschlichen Lebenspraxis sektoral – also für eine bestimmte eingegrenzte Klasse derartiger Handlungsprobleme – zu lösen: nämlich das Problem, wie Vorzugswürdiges zu erkennen und selektiv zu realisieren ist (wobei für dies Problem generell gilt, daß es jeweils ein funktionsbereichstypisches Profil besitzt). Durch diese Besinnung kann der ökonomischen Modellbildungspraxis bewußt werden, daß in der Tat »Ethik« für sie nichts äußerliches ist, sondern daß sie selbst als Modellbildungspraxis schon einen ethischen Sinn hat, selbst schon ein Beitrag zur Ethik ist: nämlich die Entwicklung von theoretischen Hilfsmitteln zur Bearbeitung von Selektionsproblemen. Insofern gilt in der Tat: Die Ökonomik steht der Ethik nicht fremd und äußerlich gegenüber, sondern sie hat selbst ethischen Sinn, fällt – wie es der alteuropäischen Tradition von alters her bekannt ist – selbst in das Gebiet der Ethik.[24]

Freilich steht mit dieser Einsicht ipso facto auch die Frage zur Entscheidung an, *welche* Leistungen innerhalb des Problembereichs der Ethik von der wirtschaftswissenschaftlichen Modellbildung erbracht werden und *welche nicht*. Es dürfte dann deutlich

24 Vor allem K. Homann hat immer wieder mit Nachdruck darauf hingewiesen, daß ethische Fragestellungen zur wirtschaftswissenschaftlichen Theorie der ökonomischen Vorzugswahl nicht äußerlich sind, sondern selbst schon inhärieren; daß also die Ökonomik in sich selbst schon Ethik ist; vgl. ders., Einleitung zu: H. Hesse (Hg.), Wirtschaftswissenschaft und Ethik, 1988, 7-33; ders., Die Rolle ökonomischer Überlegungen in der Grundlegung der Ethik, ebd., 215-240; ders., Ökonomik und Ethik, in: G. Baadte/H. Rauscher (Hg.), Wirtschaft und Ethik, 1991, 9-29.

werden, daß diese Leistung zumindest zwei Grenzen unterliegt: Erstens ist sie auf den spezifischen ökonomischen Interaktionsbereich beschränkt. Und zweitens klärt sie auch für diesen Handlungsbereich lediglich die anzutreffenden Wirkungsbedingungen, nicht aber die spezifisch ethische Frage nach der Vorzugswürdigkeit von erreichbaren Handlungsfolgen.

Erst wenn dieser begrenzte (aber natürlich: unverzichtbare) Beitrag der ökonomischen Theoriebildung für die Gewinnung von stichhaltigen Urteilen über die Vorzugswürdigkeit von Handlungsalternativen in einem spezifischen Interaktionsbereich – dem ökonomischen – geklärt ist, ließe sich dann auch entscheiden, unter welchen Bedingungen analoge Modellbildungsverfahren in anderen Interaktionsbereichen eine ähnlich hilfreiche Rolle spielen könnten.[25]

Damit dürfte jedenfalls deutlich geworden sein, daß und in welchem Sinne die Selbstreflexion, die dem Modellbildungsbetrieb der Wirtschaftswissenschaften durch den wirtschaftsethischen Diskurs zugemutet wird, vielleicht zu einer Berücksichtigung neuer Fragestellungen und zur Entwicklung eines neuen Selbstverständnisses Anlaß geben könnte. Vor allem würde wohl auch deutlich werden, daß dieser Zuwachs von Fragen und das neue Selbstverständnis nicht hinter den erreichten Stand der wirtschaftswissenschaftlichen Theoriebildungspraxis zurück-, sondern über ihn hinausführen würde.

3. Aber noch eine weitere Einsicht könnte sich den Wirtschaftswissenschaften durch diese Selbstreflexion erschließen. Nämlich die Einsicht, daß ihre Theoriearbeit nicht nur – wie alle wissenschaftliche Theoriearbeit – überhaupt von konzeptuellen Leitannahmen gesteuert ist, die nicht *aus* erfahrungswissenschaftlicher Arbeit stammen, diese vielmehr steuern, sondern daß auch für

25 Die einfache Übertragung wirtschaftswissenschaftlicher Betrachtungsweisen auf beliebige – tendenziell alle – gesellschaftliche Interaktionsbereiche und ihre Güter scheint mir deshalb nicht sachgemäß zu sein. Also auch nicht ein ökonomischer »Imperialismus«, der sich nicht an einer expliziten Bestimmung des spezifischen Gegenstandsbereichs der Wirtschaftswissenschaften orientiert und gegebenenfalls stichhaltige Gründe für deren kontrollierte Überschreitung beibringt. Natürlich würde auch die Offenlegung dieser Gründe und jener Gegenstandbestimmung einen ökonomischen »Imperialismus« nicht ipso facto rechtfertigen. Aber sie machen ihn jedenfalls kritisierbar.

diese kategorialen Leitannahmen der Wirtschaftswissenschaften gilt: ihre Perspektivität (ihre Verankerung im Wahrheitsbewußtsein der wissenschafttreibenden Individuen) ist unübersteigbar; zwar für erfolgreiche Verständigungsversuche offen, aber dadurch nie aus der Welt zu bringen. Von der wirtschaftswissenschaftlichen Theoriebildung gilt wie von jeder erfahrungswissenschaftlichen Praxis: ihre Leitbegriffe sind – horribile dictu – »konfessionell«.[26] Vor dieser Einsicht ergreift wohl den einen oder anderen das Schaudern. Aber auch sie würde m. E. nicht einen Schritt zurück, sondern nach vorn bedeuten. Und zwar einen Schritt nach vorn, ohne den uns eine rationale Praxis in der bevorstehenden Weltkultur auf dem Boden eines Pluralismus konkurrierender Wirklichkeitsverständnisse nicht möglich sein wird.

3. Konsequenzen der Neubestimmung des Verhältnisses zwischen Ethik und Ökonomik

Der wirtschaftsethische Diskurs veranlaßt also sowohl die theologische Sozialethik als auch die Wirtschaftswissenschaften zur Überprüfung und Verbesserung ihrer Verfahrensmuster und ihres Selbstverständnisses. Er zeigt der theologischen Sozialethik, daß sie nur um den Preis des Verlustes ihrer Handlungsrelevanz sich von derjenigen Genauigkeit bei der Erfassung wirtschaftlicher Handlungssituationen entlasten kann, die in den Wirtschaftswissenschaften üblich ist. Gleichzeitig kann er für die Ökonomik zum Anlaß werden, sich selbst als die notwendige Arbeit an Hilfsmitteln zur Lösung spezieller Probleme einer speziellen Praxis in dem übergreifenden Gesamtzusammenhang der Aufgaben ethischer Theoriebildung zu verstehen, wie sie in formal gleicher Weise durch alle Gebiete gesellschaftlicher Interaktion gestellt werden.

Aus einem solchen neuen Selbstverständnis beider Wissenschaften

26 Das gilt auch von anderen Handlungswissenschaften, etwa der Jurisprudenz. Vgl. dazu exemplarisch E. Herms, Abschließender Bericht über die Arbeit der Projektgruppe »Rechtliche Rahmenbedingungen kirchlicher Praxis«, in: Zeitschrift für evangelisches Kirchenrecht 30 (1985), 257-275, bes. 259-266.

entsteht ein neues Verhältnis zwischen ihnen, das mir nicht nur wissenschafts-, sondern auch gesellschaftspolitisch weitreichende Folgen zu besitzen scheint:
Die aus dem wirtschaftsethischen Diskurs resultierende Provokationen für beide Wissenschaften decken die Möglichkeit und Notwendigkeit auf, den Begriff der Selbständigkeit beider Wissenschaften so zu bestimmen, daß er eine jeweils eigentümliche Art der Abhängigkeit der einen von der anderen einschließt.[27] Das muß Folgen für die Praxis von Forschung und Lehre in beiden Disziplinen haben.
Damit aber treten automatisch die Curricula der ökonomischen und der theologischen Ausbildung unter neue Vorzeichen. Die beschriebene »Bewußtseinserweiterung« beider Seiten wird sich schließlich einmal in einer Horizonterweiterung des berufsspezifischen Wissens von Ökonomen und Theologen niederschlagen. Das bedeutet in sich selbst nichts anderes als die Fundierung tiefgreifend erweiterter Wahrnehmungs- und Kooperationsmöglichkeiten ganzer Professionen. Und ein solcher Wandel hätte dann weitreichende Bedeutung für die Gesellschaft insgesamt. Denn er schüfe die notwendige Voraussetzung dafür, daß die betroffenen gesellschaftlichen Interaktionsbereiche selbst in ein besseres – nicht nur konkurrenz-, sondern auch kooperationsorientiertes (und als solches gegenseitige konstruktive Kritik einschließendes) – Verhältnis zueinander treten könnten.
Wenn Theologen und Ökonomen sich selbst besser verstehen, kann das nicht anders als ihrer gesellschaftlichen Praxis zugute kommen. Und damit mittel- und langfristig auch einer konstruktiven Entwicklung des Funktionsverhältnisses zwischen zwei gesellschaftlichen Subsystemen, dem Wirtschafts- und dem Religionssystem.

27 Auf diese wechselseitige Abhängigkeit aufmerksam geworden zu sein ist ein wesentliches Ergebnis der in der Evangelischen Akademie Loccum durchgeführten Kolloquienreihe »Theologische Aspekte der Wirtschaftsethik«. Vgl. E. Herms/H. May (Hg.), Theologische Aspekte der Wirtschaftsethik, I-VII, 1987 ff.

Hinweise zu den Autoren

Amitai Etzioni, geb. 1929; Studium u. a. bei Martin Buber an der Hebräischen Universität in Jerusalem; Professuren an der Soziologischen Fakultät der Universität Berkeley, Cal. und der Harvard Business School; zur Zeit Universitätsprofessor an der George Washington University, Washington, D.C. und dort auch Direktor des Center for Policy Research. Autor u. a. von *The Active Society*, 1968; *A Comparative Analysis of Complex Organizations*, 1975; *The Moral Dimension. Toward A New Economics*, 1988. Gründer der internationalen »Society for the Advancement of Socioeconomics« (SASE).

Manfred Gentz, geb. 1942; Dr. jur.; Studium der Rechtswissenschaft an den Universitäten Berlin und Lausanne; Assistententätigkeit und Promotion zum Dr. jur. an der Freien Universität Berlin. 1970 Eintritt in die Daimler-Benz AG, dort in verschiedenen Funktionen im Personalwesen tätig; März 1983 bis Juni 1990 Mitglied des Vorstandes der Daimler-Benz AG für Personal-, Sozial- und Bildungswesen; seit Juli 1990 Vorstandsvorsitzender der Daimler-Benz InterServices (debis) AG, in dieser Funktion auch Mitglied des Vorstandes der Daimler-Benz AG.

Eilert Herms, geb. 1940; Prof. Dr. theol.; von 1979 bis 1985 O. E. Prof. für Systematische Theologie an der evangelisch-theologischen Fakultät der Universität München, seit 1985 in gleicher Position an der Universität Mainz. Arbeitsschwerpunkte: Dogmatik und christliche Soziallehre, Mitglied im Ausschuß »Wirtschaftstheorie und Ethik« des Vereins für Socialpolitik. Wichtige Buchveröffentlichungen: *Theologie – Eine Erfahrungswissenschaft*, 1978; (Hg. gemeinsam mit H. May) *Theologische Aspekte der Wirtschaftsethik*, 7 Bände, 1987ff.; *Erfahrbare Kirche. Beiträge zur Ekklesiologie*, 1990; *Gesellschaft gestalten. Beiträge zur Evangelischen Sozialethik*, 1991; *Offenbarung und Glaube. Zur Bildung des christlichen Lebens*, 1992.

Karl Homann, geb. 1943; Studium der Philosophie, Germanistik, Katholischen Theologie und der Volkswirtschaftslehre in Münster; Promotion zum Dr. phil. mit der Arbeit *F. H. Jacobis Philosophie der Freiheit*, Freiburg/München 1973; Promotion zum Dr. rer. pol. mit der Arbeit *Die Interdependenz von Zielen und Mitteln*, Tübingen 1980; 1985 Habilitation für Philosophie an der Universität Göttingen mit der Arbeit *Rationalität und Demokratie*, Tübingen 1988. Von 1986-1990 Professor für Volkswirtschaftslehre und Philosophie an der Universität Witten/Herdecke, 1990 Berufung auf den Lehrstuhl für Wirtschafts- und Unternehmensethik an der Wirtschaftswissenschaftlichen Fakultät der Kath. Universität Eichstätt in Ingolstadt, dem ersten Lehrstuhl dieser Art in Deutschland. Seit 1989 erster Vorsitzender des Ständigen Ausschusses »Wirtschaftswissenschaft und Ethik« des Vereins für Socialpolitik. Arbeitsgebiete: Wirtschaftsethik, praktische Philosophie und ökonomische Institutionentheorie, Wissenschaftstheorie. Zahlreiche Veröffentlichungen zum Thema Wirtschaftsethik, zuletzt: (zusammen mit F. Blome-Drees) *Wirtschafts- und Unternehmensethik*, Göttingen 1992.

Niklas Luhmann, geb. 1927, hat Rechtswissenschaft studiert und war daraufhin in der öffentlichen Verwaltung tätig; 1966 Promotion und Habilitation für Soziologie an der Universität Münster; seit 1968 Professor für Soziologie an der Universität Bielefeld. Veröffentlichungen u. a.: *Funktionen und Folgen formaler Organisation*, 1964; *Grundrechte als Institution*, 1965; *Vertrauen*, 1968; *Zweckbegriff und Systemrationalität*, 1968; *Soziologische Aufklärung*, Bde. 1-4, 1970/1975/1981/1987; *Rechtssoziologie*, 1972/1983; *Macht*, 1975; *Funktion der Religion*, 1977; *Gesellschaftsstruktur und Semantik*, Bde. 1-3, 1980/1981/1989; *Liebe als Passion*, 1982; *Soziale Systeme*, 1984; *Ökologische Kommunikation*, 1986; *Die Wirtschaft der Gesellschaft*, 1988; (zusammen mit P. Fuchs) *Reden und Schweigen*, 1989; *Paradigm Lost: Über die ethische Reflexion der Moral*, 1990; *Die Wissenschaft der Gesellschaft*, 1990.

Ulrich Thielemann, geb. 1961; Studium der Wirtschaftswissenschaft in Wuppertal; Diplom 1988; seitdem wissenschaftlicher Mitarbeiter am Institut für Wirtschaftsethik an der Hochschule St. Gallen für Wirtschafts-, Rechts- und Sozialwissenschaften (HSG). Wichtigste Veröffentlichungen: (zusammen mit Peter Ulrich) *Ethik und Erfolg. Unternehmensethische Denkmuster von Führungskräften – eine empirische Studie*, 1992; »Die Unternehmung als ökologischer Akteur?«, in: J. Freimann (Hg.), *Ökologische Herausforderung der Betriebswirtschaftslehre*, 1990; *Schwierigkeiten bei der Umsetzung ökologischer Einsichten in ökonomisches Handeln – ein wirtschaftsethischer Orientierungsversuch*, Beiträge und Berichte des Instituts für Wirtschaftsethik, 1992.

Peter Ulrich, geb. 1948 in Bern; Dr. rer. pol.; 1987 Ruf auf den ersten Lehrstuhl für Wirtschaftsethik an einer deutschsprachigen wirtschaftswissenschaftlichen Fakultät (Hochschule St. Gallen); dort seit 1989 auch Leiter des neu gegründeten Instituts für Wirtschaftsethik; 1984 bis 1987 Professor für Betriebswirtschaftslehre an der Universität GH Wuppertal. Arbeitsschwerpunkte: Wirtschafts- und Unternehmensethik, normative Grundfragen der Ökonomie und der Betriebswirtschaftslehre, Unternehmenspolitik und Unternehmensverfassung, Management- und Organisationstheorie. Zahlreiche Veröffentlichungen auf allen Gebieten, u. a.: (zusammen mit E. Fluri) *Management*, 6. Auflage 1992; (zusammen mit W. Hill und R. Fehlbaum) *Organisationslehre*, 2 Bde., 4. Auflage 1989/1992; *Transformation der ökonomischen Vernunft*, 2. Auflage 1987; (zusammen mit R. Rock und F. Witt) *Dienstleistungsrationalisierung im Umbruch*, 1990; (zusammen mit U. Thielemann) *Ethik und Erfolg – Unternehmensethische Denkmuster von Führungskräften*, 1992.

Josef Wieland, Dr. rer. oec.; Studium der Ökonomie und Philosophie, 1985-1990 wissenschaftlicher Mitarbeiter am Fachbereich Wirtschaftswissenschaften der Universität-GHS Wuppertal; seither Leiter der Forschungsstelle für Wirtschaftsethik am Institut für christliche Gesellschaftswissenschaften der Universität Münster. Arbeitsschwerpunkte: Neue Politische Ökonomie, Ökonomie und Ethik, Ökonomische Theoriegeschichte. Wichtige Veröffentlichungen: *Die Entdeckung der Ökonomie*, Bern/Stuttgart 1989; *Sozialphilosophische Grundlagen ökonomischen Handelns*, Frankfurt a. M. 1990; *Formen der Institutionalisierung von Unternehmensethik*, Bern/Stuttgart 1993.